高校社科文库 | 教育部高等学校社会科学发展研究中心

汇集高校哲学社会科学优秀原创学术成果
搭建高校哲学社会科学学术著作出版平台
探索高校哲学社会科学专著出版的新模式
扩大高校哲学社会科学科研成果的影响力

不朽的丰碑

—— 中国共产党革命精神历史嬗变研究

雷 莹/等著

Immortal Monument
—— Research on the Historical Evolution of the Revolutionary Spirit of the Communist Party of China

光明日报出版社

图书在版编目（CIP）数据

不朽的丰碑——中国共产党革命精神历史嬗变研究 / 雷莹等著. -- 北京：光明日报出版社，2009.11（2024.6重印）

（高校社科文库）

ISBN 978-7-5112-0444-8

Ⅰ.①不… Ⅱ.①雷… Ⅲ.①中国共产党—党的作风—研究 Ⅳ.①D261.3

中国版本图书馆 CIP 数据核字（2009）第 196212 号

不朽的丰碑——中国共产党革命精神历史嬗变研究
BUXIU DE FENGBEI——ZHONGGUO GONGCHANDANG GEMING JINGSHEN LISHI SHANBIAN YANJIU

著　　者：雷莹 等	
责任编辑：刘　彬	责任校对：陈群峰　刘光普
封面设计：小宝工作室	责任印制：曹　净

出版发行：光明日报出版社
地　　址：北京市西城区永安路 106 号，100050
电　　话：010-63169890（咨询），010-63131930（邮购）
传　　真：010-63131930
网　　址：http://book.gmw.cn
E - mail：gmrbcbs@gmw.cn
法律顾问：北京市兰台律师事务所龚柳方律师
印　　刷：三河市华东印刷有限公司
装　　订：三河市华东印刷有限公司

本书如有破损、缺页、装订错误，请与本社联系调换，电话：010-63131930

开　　本：165mm×230mm
字　　数：190 千字　　　　　　　　印　张：11.25
版　　次：2009 年 11 月第 1 版　　　印　次：2024 年 6 月第 2 次印刷
书　　号：ISBN 978-7-5112-0444-8-01
定　　价：65.00 元

版权所有　　翻印必究

目 录

第一章 问题提出：研究视野 / 1
一、中国共产党革命精神历史嬗变研究的背景 / 1
二、中国共产党革命精神历史嬗变研究的对象 / 8
三、中国共产党革命精神历史嬗变研究的内容 / 10

第二章 逻辑起点：范畴厘定 / 13
一、精神与民族精神 / 13
二、中国共产党革命精神 / 18
三、中国共产党革命精神的具体形态 / 20

第三章 根源探究：民族精神 / 26
一、中国共产党革命精神是民族精神的丰富与发展 / 26
二、中国共产党革命精神与民族精神的互动发展 / 30
三、中国共产党革命精神与民族精神的当代统一 / 32

第四章 初始形态：井冈山精神 / 36
一、井冈山精神的必然产生 / 36
二、井冈山精神的科学内涵 / 41
三、井冈山精神的历史价值 / 47

第五章 长征洗礼：长征精神 / 58
一、长征精神的形成条件 / 58

二、长征精神的精神实质　/ 61
　　三、长征精神的时代价值　/ 67

第六章　陪都砺炼:红岩精神　/ 72
　　一、红岩精神的历史培育　/ 72
　　二、红岩精神的精神内核　/ 74
　　三、红岩精神的育人价值　/ 79

第七章　延安培育:延安精神　/ 86
　　一、延安精神的形成发展　/ 86
　　二、延安精神的内涵把握　/ 93
　　三、延安精神的当代传承　/ 99

第八章　革命升华:西柏坡精神　/ 105
　　一、西柏坡精神的形成条件　/ 105
　　二、西柏坡精神的关键内容　/ 109
　　三、西柏坡精神的历史意义　/ 113

第九章　历史透视:外在显现与内在规定　/ 124
　　一、中国共产党革命精神的外在显现　/ 124
　　二、中国共产党革命精神的内在规定　/ 128
　　三、中国共产党革命精神的基本特点　/ 137

第十章　弘扬发展:理论指南与实践要求　/ 140
　　一、中国共产党革命精神弘扬发展的理论指南　/ 140
　　二、中国共产党革命精神弘扬发展的实践概略　/ 147
　　三、中国共产党革命精神弘扬发展的当代要求　/ 159

参考文献　/ 169

后记　/ 171

第一章

问题提出：研究视野

"人是要有一点精神的。"这是毛泽东的一个著名论断。古今中外的历史发展一再表明，无论是个人，还是政党、国家和民族，在任何时候都必须有精神支撑。中国共产党在领导中国人民进行新民主主义革命的实践中，结合时代发展要求，弘扬和发展民族精神，锻造了伟大的革命精神，为新民主主义革命的胜利提供了强大的精神支撑。2003年9月，胡锦涛在江西革命老区考察工作时强调指出："革命前辈们在艰苦卓绝的革命斗争中培育起来的革命精神和优良传统，对我们坚定信念、鼓舞斗志、做好工作具有重大的现实意义，永远是我们在前进道路上战胜各种困难和风险、不断夺取新胜利的强大精神力量。"① 在全面建设小康社会新时期，我们必须深度挖掘中国共产党革命精神的宝贵精神资源，把革命精神置于历史发展的实践逻辑中进行考察，在推进中国特色社会主义事业的伟大实践中大力弘扬革命精神。

一、中国共产党革命精神历史嬗变研究的背景

中国共产党革命精神历史嬗变研究是一个时代性的研究课题。从现实的维度讲，研究中国共产党革命精神的历史嬗变，是迎接时代挑战，建设社会主义核心价值体系，推进中国特色社会主义事业发展的客观要求；从历史的维度讲，研究中国共产党革命精神的历史嬗变是总结历史经验，承继历史传统的必然要求。

（一）研究中国共产党革命精神历史嬗变是迎接当今时代挑战的现实需要

---

① 《人民日报》，2003年9月2日，第1版。

党的十七大报告指出，当今世界正在发生广泛而深刻的变化，当代中国正在发生广泛而深刻的变化。机遇前所未有，挑战前所未有。这种广泛而深刻的变化体现在国际、国内、经济、政治、文化、社会等各个方面，对我们进行社会主义现代化建设事业产生着重大的影响。

从国际方面讲，当今世界正朝着经济全球化、政治多极化、文化多元化、信息网络化方向发展，国际竞争日趋激烈，世界各国围绕综合国力展开的较量此起彼伏。综合国力的竞争是全方位的竞争，它体现在经济、政治、科技、军事等各个方面，但归根结底还是人的竞争，即人的素质、民族素质的竞争。一个国家只有具有较强的综合国力，才能增强在世界上的竞争力，实现国家的富强和民族的振兴。综合国力是物质力量和精神力量的统一，民族精神、民族凝聚力作为一个民族精神力量的重要内容，是综合国力的重要组成部分。江泽民曾指出：有没有高昂的民族精神，是衡量一个国家综合国力强弱的一个重要尺度。国力的强弱，国运的兴衰，既要看物质文明的发展程度和水平，又要看精神文明的发展程度和水平。物质力量是综合国力的基础，但忽视精神力量，国家强大、民族振兴也是无法实现的。在一定条件下，精神的力量可以转化为物质的力量，强大的精神力量不仅可以促进物质、技术力量的发展，而且可以使一定的物质、技术力量发挥出更大、更好的作用。中国共产党革命精神是我们党带领人民在新民主主义革命伟大实践中形成的宝贵精神财富，是民族精神在当代中国的重要发展，是弘扬民族精神、提升民族精神力量的重要精神资源。增强民族精神凝聚力，提升综合国力，客观要求加强对革命精神的研究，努力在实践中弘扬革命精神。

另一方面，伴随着世界经济全球化、政治多极化、文化多元化、信息网络化的发展，西方发达国家的文化渗透正在同经济扩张、政治霸权和军事威慑结伴而来，世界范围的各种思想文化相互激荡，任何国家要在精神文化领域闭关自守几乎不可能。很多发达国家都把文化产业作为支柱产业来扶持和打造、作为软实力来培育和提升，文化输出已经成为其输出价值观、意识形态和影响力的重要手段。例如，美国文化产业的生产总值占经济总量的1/4，文化产业成为其第一大产业；日本的卡通片、游戏业风靡全球；英国艺术产业规模已与其汽车工业不相上下。① 在当今世界的国际角逐中，西方发达国家以其强大的经济实力和先进的科学技术为依托，在文化竞争中占据着主动权，处于优势地

---

① 徐光春：《加快文化建设需要把握的几个问题》，《光明日报》，2007年12月7日，第3版。

位。如何确保文化安全,提升文化软实力,是当今发展中国家面临的严峻挑战。我国作为一个发展中社会主义国家,要提高综合实力和国际竞争力,就必须重视文化软实力和精神力量的提升,兴起文化建设新高潮,尽快形成与我国经济社会发展和国际地位相适应的文化优势,在有效维护国家文化安全的同时,不断增强国家文化软实力,扩大文化国际影响力。对此,江泽民曾深刻地指出:"世界多极化、经济全球化的深入发展,引起世界各种思想文化,历史的和现实的,外来的和本土的,进步的和落后的,积极的和颓废的,展开了相互激荡,有吸纳又有排斥,有融合又有斗争,有渗透又有抵御。总体上处于弱势地位的广大发展中国家,不仅在经济发展上面临严峻挑战,在文化发展上也面临严峻挑战。保持和发展本民族文化的优良传统,大力弘扬民族精神,积极吸收世界其他民族的优秀文化成果,实现文化的与时俱进,是关系广大发展中国家前途和命运的重大问题。"① 形势逼人,不进则退。我们党把弘扬和培育民族精神,推进文化事业的大发展、大繁荣,提升综合国力作为关乎民族和国家生死存亡的重要任务提出来,这反映了我国社会主义现代化建设的规律,充分体现了时代的要求,也是对严峻的国际挑战的积极回应。要推进文化事业大发展,弘扬和培育民族精神,客观上需要研究革命精神,推进革命精神在当代中国的新发展。

从国内方面看,随着改革开放的深入和社会主义市场经济的发展,国内环境发生了重大变化。社会经济成分、组织形式、就业方式、利益关系和分配方式日益多样化,新事物新问题层出不穷,各种深层次矛盾日益凸显,人们思想活动的独立性、选择性、多变性、差异性明显增强。改革开放在催生人们很多新的思想观念和精神因素的同时,也给人们精神世界带来了一些负面、消极的影响。比如,改革开放在开阔人们眼界、增加人们认识、活跃人们思想的同时,也为西方资产阶级腐朽思想文化因素的侵入提供了契机,为西方敌对势力进行文化渗透以可乘之机;市场经济体制改革在催生人们的平等、公平、公开、效率、竞争等意识的同时,也对人们的思想意识与人际关系带来负面影响,使自由主义、拜金主义、利己主义、享乐主义、个人主义等得以萌生;伴随着社会物质生活的改善与提高,以及整个社会的愈益开放,个人在社会生活中的自由权、独立性等有很大提升,一些精神空虚者转而到消极落后的思想文化那里寻求精神寄托,使得在我国长期存在的封建主义残余思想包括封建迷信

---

① 《人民日报》,2001年12月19日,第1版。

和愚昧落后的思想观念，在新的形势下又沉渣泛起，危害社会。在当代中国，伴随着物质生产力的发展，人们在提高物质生活的同时，迫切需要提升精神、文化生活的层次和品位。因此，全社会的道德生活、精神动力、文化追求等被作为一个个时代性的课题摆在我们面前。2000年，江泽民在中央思想政治工作会议上提出，要正确认识改革开放的实践进程对人们思想的影响，强调做好新时期的思想政治工作，必须从国际和国内、历史和现实的角度，深刻分析新形势下对广大干部群众的思想活动发生作用的客观环境及其基本特点，正确审视和解决那些影响干部群众思想活动的重大理论问题和实际问题。2004年中共中央、国务院在《关于进一步加强和改进大学生思想政治教育的意见》中指出，国际国内形势的深刻变化，大学生思想道德状况在保持主流积极向上的同时，也出现了包括精神空虚、诚信缺失等在内的不少问题，大学生思想政治教育面临严峻挑战。《意见》同时提出加强和改进大学生思想政治教育要以理想信念教育为核心，深入进行树立正确的世界观、人生观和价值观教育；以爱国主义教育为重点，深入进行弘扬和培育民族精神教育；以基本道德规范为基础，深入进行公民道德教育；以大学生全面发展为目标，深入进行素质教育。十七大报告指出，当今时代，丰富精神文化生活越来越成为我国人民的热切愿望。由此可见，在当代中国，研究和探讨革命精神，弘扬和培育民族精神，推进社会精神文明和文化建设，显得尤为紧迫，具有重大现实意义。

（二）研究中国共产党革命精神历史嬗变是建设社会主义核心价值体系的紧迫需要

党的十七大报告指出：社会主义核心价值体系是社会主义意识形态的本质体现，建设社会主义核心价值体系，是巩固马克思主义在意识形态领域的指导地位，增强社会主义意识形态的吸引力和凝聚力的必然要求。而要建设社会主义核心价值体系，就必须坚持以马克思主义作为指导思想，坚持中国特色社会主义的共同理想，弘扬民族精神和时代精神，树立和落实社会主义荣辱观。中国共产党革命精神是新民主主义革命时期共产党人和革命志士所信奉的核心价值观，是社会主义核心价值体系建设的宝贵资源。

社会主义核心价值体系是社会主义国家理想信念、价值标准和道德规范的集中体现，它对整个社会价值观念、思维方式和各式各样的社会思潮起着引领、整合和规范的作用。作为决定社会意识性质、方向的价值体系核心，作为引领社会思潮的精神旗帜，我们毫不讳言它必须以马克思主义为指导思想，必须高扬中国特色社会主义的共同理想，这是由我国的社会主义性质决定的。这使我们的价值体系建设与一切西方国家的价值体系建设有着根本的区别。我们党在长期的革命斗争和建设实践中形成的革命精神与毛泽东思想、邓小平理论、"三个代表"重要思想和科学发展观一样，是在马克思主义中国化的历史进程中产生和发展的。革命精神的形成和发展，生动地记录了在马克思主义中国化过程中中国共产党人所从事的理论创造和生动实践的完美结合，集中了我们党理论创新的闪光点和精华。可以说，它本身就是马克思主义中国化的产物，是党的创新理论的重要组成部分。在探索建设中国特色社会主义道路的过程中，我们党不仅又一次实现了马克思主义中国化的历史性飞跃，产生了中国特色社会主义理论，而且创造了许多紧跟时代步伐的新的革命精神，它把马克思主义中国化的最新理论成果具体化、形象化了，使亿万人民群众参与进来，成为直接的实践者、创造者，具有很强的感染力和说服力。纵览我们党在各个时期创造的革命精神，可以看到它们与不同历史时期的具体实践结合，表现的是那样的绚丽多姿、异彩纷呈，而其中又贯穿着始终不变的核心和本质：全心全意为人民服务，这个永远不变的宗旨；解放思想、实事求是，这个推动我们党不断创新、永葆青春活力的思想路线。它们理所当然地成为社会主义核心价值体系不可或缺的一部分。

革命精神是民族精神、时代精神在新的历史条件下的集中体现，弘扬革命精神构成了弘扬民族精神和时代精神的重要内容。革命精神并不是孤立于中华文明发展进程之外的观念形态，它是伟大的中华民族精神在特定历史时期的体现和升华，与新的历史条件结合，把以爱国主义为核心的民族精神提升到一个新的境界，这正是弘扬革命精神的重要要求。弘扬革命精神也必须与时代精神紧密结合起来，必须与建设中国特色社会主义伟大事业紧密结合，这也要求我们要结合新的历史条件，不断赋予其新的时代内涵，为建设中国特色社会主义提供强大的精神动力。

推进社会主义荣辱观的教育需要与弘扬革命精神相结合，把革命精神内化为人们的道德规范和行为规范。弘扬革命精神不仅对确立全社会的理想目标、价值取向有着鲜明的导向作用，而且对于作为个体的道德修养、行为方式也有教化的作用。树立和践行社会主义荣辱观，必须把弘扬革命精神与社会主义荣辱观教育结合起来，渗透到人们的日常生活中去。

（三）研究中国共产党革命精神历史嬗变是推进中国特色社会主义事

业的战略需要

实现中华民族的伟大复兴，是一个长期艰苦奋斗的过程。尽管我国经济、政治、文化、社会建设已经取得了伟大的成就，但今后的任务更加艰巨。当前我国改革发展正处于关键时期，这既是"黄金发展期"，又是"矛盾凸显期"，呈现出一些新趋势、新特点。在当前和今后相当长的时间内，经济社会发展面临的矛盾和问题更加复杂，改革发展稳定的任务更加繁重。矛盾客观存在，矛盾并不可怕。人类社会就是在不断解决矛盾的过程中发展进步的。党的十六大以来，以胡锦涛同志为总书记的党中央坚持以邓小平理论和"三个代表"重要思想为指导，科学分析国内外形势，正确总结实践经验，从全面建设小康社会、开创中国特色社会主义事业新局面的全局出发，提出了贯彻落实科学发展观、构建社会主义和谐社会等重要思想和战略部署，为我们抓住机遇、加快发展、集中精力办好自己的事情，进一步指明了方向。提出构建社会主义和谐社会，标志着中国特色社会主义事业的总体布局更加明确地由社会主义经济建设、政治建设、文化建设三位一体发展为社会主义经济建设、政治建设、文化建设、社会建设四位一体。它适应了我国改革发展进入关键时期的客观要求，体现了广大人民群众的根本利益和共同愿望，是抓住和用好重要战略机遇期的必然要求，是实现全面建设小康社会宏伟目标的重要前提和重要内容。

伟大的事业需要并将产生崇高的精神，崇高的精神支撑和推动着伟大的事业。为实现民族解放和国家独立而进行的革命斗争铸就了伟大的革命精神，推动了坚苦卓绝的革命事业的胜利发展。今天全面建设小康社会，推进中国特色社会主义事业，同样需要强大的精神力量。因此，我们必须重视发展社会主义先进文化，加强精神文明建设，以高尚的精神塑造人，激发人们的精神动力，增强人们的精神力量，提升人们的精神境界。党的十六大报告指出，面对世界范围各种思想文化的相互激荡，必须把弘扬和培育民族精神作为文化建设极为重要的任务，纳入国民教育全过程，纳入精神文明建设全过程，使全体人民始终保持昂扬向上的精神状态，把弘扬和培育民族精神作为一项战略任务。党的十七大报告指出，和谐文化是全体人民团结进步的重要精神支撑，而社会主义核心价值体系是建设和谐文化的根本。因此，要建设社会主义核心价值体系，要巩固马克思主义指导地位，坚持不懈地用马克思主义中国化最新成果武装全党、教育人民，用中国特色社会主义共同理想凝聚力量，用以爱国主义为核心的民族精神和以改革创新为核心的时代精神鼓舞斗志，用社会主义荣辱观引领风尚,巩固全党全国各族人民团结奋斗的共同思想基础;要切实把社会主义核心价值体系融入国民教育和精神文明建设全过程,转化为人民的自觉追求。这些论述深刻地表明,推进中国特色社会主义事业发展,要始终重视文化建设和民族精神、革命精神的弘扬与培育,以增强全体人民推进中国特色社会主义事业的精神力量。

(四)研究中国共产党革命精神历史嬗变是总结历史经验、承扬历史传统的必然要求

革命精神形成于革命战争年代,它在改革开放和现代化建设的今天是否适用,是否具有时代价值呢?换言之,社会主义现代化建设时期,还要不要继续大力弘扬党的优良传统和革命精神呢?面对这一问题,有人认为,革命精神是革命年代的产物,今天党的工作中心转移,革命精神业已过时。还有人把革命精神当作"阶级斗争"或"斗争哲学"的同义语。极少数人甚至标榜"告别革命",否定中国革命,否定中国革命历史,否定中国近现代史上主流运动的历史合理性,革命精神、革命传统应当弃之如敝屣。受这种民族虚无主义和历史虚无主义思潮的影响,社会上曾出现一种嘲弄理想、躲避崇高,对英雄主义、理想主义持冷漠、蔑视态度的倾向。

对于否定革命精神当代价值的错误思潮,党和国家领导人高度关注。邓小平早在1980年就对这一错误思潮有所察觉,并提出:"党和政府愈是实行各项经济改革和对外开放的政策,党员尤其是党的高级负责干部,就愈要高度重视、愈要身体力行共产主义思想和共产主义道德。否则,我们自己在精神上解除了武装,还怎么能教育青年,还怎么能领导国家和人民建设社会主义!"①他从革命和建设的内在历史联系出发,强调要懂得些中国历史,这是中国发展的一个精神动力。中国革命和建设是20世纪中国人民伟大事业的上、下篇。没有上篇,就没有下篇。没有新民主主义革命和社会主义革命的胜利,就没有今天的现代化建设。中国革命和建设不仅存在历史联系,而且存在思想逻辑联系。无论是民主革命时期还是社会主义建设时期,我们党都一以贯之地坚持以共产主义思想体系作为指导。这是革命精神跨越时空的思想理论基础,也是新民主主义革命不同于旧民主主义革命之处。邓小平讲:"我们在新民主主义革命时期,就已经坚持用共产主义的思想体系指导整个工作;用共产主义道德约

---

① 《邓小平文选》第3卷,人民出版社1993年版,第367页。

束共产党员和先进分子的言行","现在已经进入社会主义时期,有人居然对这些庄严的革命口号进行'批判',而这种荒唐的'批判'不仅没有受到应有的抵制,居然还得到我们队伍中一些人的同情和支持。每一个有党性、有革命性的共产党员难道能够容忍这种情况继续下去吗?"① 江泽民也高度重视这一问题,他在纪念中国共产党成立75周年的讲话中也指出,一个民族如果忘记了自己的历史,就不可能深刻地了解现在和正确地走向未来。他强调,今天的中国是历史的中国的发展,作为当代中国的领导干部,如果不了解中国的历史,特别是中国的近代史、现代史和我们党的历史,就不可能认识和把握中国社会发展的客观规律,继承和发扬我们党的光荣传统,也就不能胜任领导建设有中国特色社会主义的职责。2002年12月,在全党上下认真学习贯彻十六大精神的热潮中,胡锦涛和中央书记处的同志来到革命圣地西柏坡学习考察,回顾党带领人民进行伟大革命斗争的光辉历史,重温毛泽东在党的七届二中全会上的重要讲话,特别是其中关于"两个务必"的重要论述,号召全党同志特别是领导干部大力发扬艰苦奋斗的作风,为深入贯彻"三个代表"重要思想、全面落实党的十六大确定的目标和任务,开拓进取、团结奋斗。

总结历史经验教训,中国共产党自成立以来,始终重视精神的力量,特别是在革命战争年代,党不断结合时代和社会发展的要求,以及革命的需要,弘扬伟大民族精神,锻造了井冈山精神、长征精神、红岩精神、延安精神和西柏坡精神等系列革命精神,给革命注入了鲜活的生机,推动了革命在艰难曲折中走向胜利,形成了党的历史发展中丰富的精神力量。革命精神是我国革命与建设事业顺利推进的重要精神动力,也是我们事业取得胜利的重要保证。进入新的时期,建设社会主义精神文明,推进中国特色社会主义事业发展,也需要承继优良革命传统,弘扬伟大革命精神。

二、中国共产党革命精神历史嬗变研究的对象

研究中国共产党革命精神,我们将逻辑起点放在大革命后的中国共产党人在井冈山时期培育的井冈山精神,逻辑终点为西柏坡精神。选择西柏坡精神作为研究的逻辑终点,是因为西柏坡时期处于革命胜利的前夜,西柏坡是我们党进入北京、解放全中国的最后一个农村指挥所。研究的逻辑起点选择井冈山精

---

① 《邓小平文选》第3卷,人民出版社1993年版,第367页。

神,而没有追溯到五四精神或1921年中国共产党成立后的大革命时期的革命精神,主要有以下原因:

五四运动虽是中国新民主主义革命史的开端,但它主要表现为以科学和民主为内容的启蒙式的新文化运动,高举反帝、反封建的爱国主义旗帜,一方面"破坏中国农业社会固有之思想",另一方面"传入西洋工业资本主义社会之新思想",促使了马克思主义在中国的传播,为中国共产党的成立做了重要的思想准备,但它毕竟不是中国共产党领导的革命运动,而是旨在宣传西方文化的资产阶级民主主义性质的运动。因此,还不能说五四精神就是中国共产党创立的革命精神之开端,只能说是其前奏和思想准备。

1921年～1927年的大革命,是中国共产党成立后参加的第一次国内革命战争。中国共产党从成立开始就表现出极高的革命热情,积极参加了北伐战争,并在后来的"马日事变"和四一二事变中表现出英勇无畏的"揩干净身上的血,爬起来再战斗"的革命精神。但大革命时期是国共合作时期,革命是以国民党的旗帜为旗帜,共产党则加入国民党,直到1927年"八一"南昌起义仍然打的是"国民党左派"的旗帜。八七会议后,毛泽东回长沙进行调查,深感国民党军队镇压工农运动后,"国民党的旗子已成军阀的旗子","真不能再打了"。1927年8月18日毛泽东在中共湖南省委会议上提出,湖南秋收起义"我们应高高打出共产党的旗子",不能再打"左派国民党旗帜"。10月秋收起义上井冈山,就"不是用国民党的名义,而是用工农革命委员会的名义"。邓小平也说:"在井冈山打旗帜才几千人,一打就是22年,最后还是战胜了帝国主义和他们支持的力量,中国人站起来了。"[①] 这就表明,中国共产党领导的中国革命,真正独立地打出自己的旗帜,当以"在井冈山打旗帜"为起点,井冈山因而成为中国革命的摇篮。

从井冈山斗争开始,中国共产党才真正开始将马克思主义理论和中国实际相结合,走出一条有中国特色的革命道路,即农村包围城市、武装夺取政权的道路,从而开始实现马克思主义普遍真理同中国具体实际相结合的第一次历史性飞跃。从实际出发,敢于走自己的路,敢为天下先,因而成为井冈山精神的最重要内涵和实质。而大革命时期,中国共产党还是幼年的党,一切听从共产国际的指导,照抄照搬俄国以城市为中心的武装起义的革命道路,谈不上从中国实际出发,走自己的路。

---

① 《邓小平文选》第3卷,人民出版社1993年,第345页。

正是从以秋收起义和井冈山斗争为起点的土地革命战争开始，中国革命精神才开始逐步具有较完备的独立精神形态，开始具有中国革命特色所赋予的丰富精神内涵和文化意蕴，这就是"星星之火，可以燎原"的坚定的共产主义理想信念；"反对本本主义"，敢于走自己的路的开拓创新精神；"敌军围困万千重，我自岿然不动"和"红米饭，南瓜汤"的革命乐观主义和艰苦奋斗的气概与作风；"唤起工农千百万"，"更加众志成城"的群众路线和群众观点，从而使它区别于古今中外的一般革命精神。

当然，井冈山精神是我们研究中国共产党革命精神的起点，并非说它是凭空产生的。井冈山精神也有自己形成的思想前提。井冈山精神深深植根于中华优秀传统文化之中，博大精深的民族精神是井冈山精神产生的智慧源泉；十月革命一声炮响，送来的马克思列宁主义，为井冈山精神提供了最直接、最重要的思想基础。井冈山精神所蕴含的坚定的共产主义信念，为劳苦大众翻身、为人类彻底解放而斗争，以及打碎旧世界、建立新世界的革命理想主义，皆源于此；五四运动高举反帝反封建的大旗，特别是"冲决旧罗网"的思想解放精神和中国共产党成立后在第一次国内革命战争时期所经受的种种精神锤炼，是井冈山精神产生的直接前导和序曲；井冈山精神继承了自鸦片战争以来，爱国进步人士为争取民族独立和解放、实现祖国统一和富民强国的历史主题体现出的时代精神凝炼和聚焦，是无数仁人志士的民族良知、历史使命感和社会责任感的精神映现。

三、中国共产党革命精神历史嬗变研究的内容

伟大的时代产生伟大的精神。中国共产党在 28 年艰难曲折的民主革命历程中，先后产生了井冈山精神、长征精神、红岩精神、延安精神和西柏坡精神。它们都是中国共产党优良传统和作风的集中体现，也是中国共产党及其领导的革命力量能够从小到大、从弱到强的强大精神支撑。本书研究中国共产党革命精神的历史嬗变，是要全面研究井冈山精神、长征精神、红岩精神、延安精神和西柏坡精神等五大精神，并在历史发展中考察其嬗变的历史进程，把握其异同和本质所在，主要包括以下内容。

第一，研究中国共产党革命精神历史嬗变的发生发展，也即研究各阶段的革命精神在革命战争年代是如何形成的。在战争年代形成的中国共产党革命精神，是中华民族精神的历史性飞跃。它们都是以民族精神为基础，以共产主义思想为灵魂的革命精神，是一个有机的整体，但是在历史发展的不同阶段又表

现出不同的形态，蕴含着不同的内容。从历史发展的连续性上讲，中国共产党革命精神是在革命与战争的历史发展中不断地发展演变，体现出连续性与阶段性的辨证统一。如同任何一种革命精神的形成都不是随意的一样，而是有其内在的历史必然性。中国共产党革命精神任何一个形态的形成也不是偶然的，而是中华民族民族精神与中国共产党人的革命风范在历史发展中的传承及结合具体历史实际的具体化，都有其形成的必然性。研究这些必然性，考察其形成过程，是研究中国共产党革命精神历史嬗变的首要课题。

第二，研究中国共产党革命精神与民族精神的内在关联。中国共产党革命精神不是共产党凭空臆造的，民族精神是中国共产党革命精神嬗变之源。本书在深入挖掘中国共产党革命精神与民族精神在精神上的继承与发展关系基础上，探讨二者如何统一于建设中国特色社会主义伟大实践。

第三，研究中国共产党革命精神在历史嬗变中的具体形态，考察其主要内容、历史价值与当代意义等。从井冈山精神、长征精神、红岩精神、延安精神到西柏坡精神，都是一定历史的范畴，都是马克思列宁主义普遍原理和中国革命的具体实践相结合的产物。它们既具有一定的普遍性，又具有一定历史时期的特殊性。其普遍性表现为革命精神都是在中国共产党革命斗争过程中产生的，都具有无产阶级先锋队理应具备的先进思想品格，以及中华民族传统的优秀品质和情操；但由于各具体精神在时间、地区、环境以及党在政治上、思想上的成熟程度不同，又各有其特点。从内涵来看，它们既是相近的又是有明显差别的，其内在联系也非常紧密。联系具体实际考察各革命精神的具体形态，把握其基本内容，是完整地把握各革命精神的需要，是对各革命精神开展比较研究的需要，同时也是解读近现代中国历史、把握中国共产党的历史发展的需要。

第四，从整体上开展中国共产党革命精神各具体形态的比较研究。井冈山精神、长征精神、红岩精神、延安精神和西柏坡精神，分别产生于土地革命战争前期、中期、后期和解放战争后期，中间经过抗日战争时期，跨越近22年。这些革命精神基本与中国共产党农村包围城市革命道路的历程，以及党和人民军队的成长发展相一致，并紧密联系在一起，各革命精神具体形态是党和人民军队在不同历史精神风貌的高度凝结。把井冈山精神、长征精神、红岩精神、延安精神和西柏坡精神等革命精神置于历史发展的逻辑链条中进行考察，把握革命精神的统一的内在规定性和各自精神形态的历史具体性，对于升华对中国共产党革命精神历史嬗变的内在逻辑的理解，以及深化对中国共产党革命精神的精神本质的把握，都是大有裨益的。

第五，研究中国共产党革命精神的时代价值与当代弘扬。通常人们研究历史、考察过去，一方面是为了弄清历史的本来面目和发展逻辑，另一方面是要从中总结历史智慧以服务于当代发展。开展中国共产党革命精神的历史嬗变研究，也是持有这一目的和立场。全面建设小康社会、推进中国特色社会主义事业是当代中国人民伟大的历史使命。今天我们研究中国共产党革命精神，就是要把它置于社会主义物质文明、政治文明和精神文明建设的宏观视野中进行展开，具体考察它对于建设社会主义物质文明、政治文明和精神文明的时代价值，探讨如何在当代背景下弘扬革命精神，培育民族精神，推进中国特色社会主义事业发展。

立足于上述思考，本书在研究成果的内容架构上以对中国共产党革命精神的内涵与外延的界定为起点，探讨它们与中华民族民族精神的相互关联，展开考察中国共产党革命精神在历史嬗变中相继形成的井冈山精神、长征精神、红岩精神、延安精神和西柏坡精神等具体形态，分析它们的形成、内涵、特点等基本内容，并在整体上综合考察其一致的精神内核和各自的独特外在表现，最终以在建设中国特色社会主义伟大实践中弘扬与培育革命精神为研究归宿。

第二章

逻辑起点：范畴厘定

精神来源于实践，同时，精神对实践具有反作用。精神具有属人性，因而精神也具有延续性、发展性。中国共产党革命精神，产生于中国近代新民主主义革命的伟大实践，是中华民族精神的延续与发展，是中华民族民族精神与中国共产党人的革命风范在历史发展中的传承与融合，有其形成的历史必然性。研究中国共产党革命精神，必须以精神、民族精神等基本范畴为逻辑起点。

一、精神与民族精神

中国共产党革命精神，既具有精神的一般共性，同时又具有自身特性。开展中国共产党革命精神研究，首先必须厘清精神、民族精神等基本范畴。

（一）关于精神

人的实践活动是有意识、有目的的活动，受人的意识、观念、精神的支配和推动。人的思想和意识产生于人的实践活动，又推动着人的实践活动。任何实践活动都离不开实践的主体因素——人，而任何实践主体都离不开一定的思想和意识，任何主体的实践都必然受到主体意识因素的自觉影响。正因为这样，人的实践活动才是自觉的活动。

精神是指人们（往往指特定的人群，比如一个民族或政党）所共同具有的意识观念、文化传统、意志情感、思想品格、价值取向和道德规范等。精神具有属人性，是人类实践活动中特有的现象。精神是人们的一种意识、观念、思想现象，但又不同于一般的意识、观念和思想。因为意识、观念、思想可能是个体性的、暂时性的，也可能是群体性的、长期性的，而精神主要反映的是人们比较稳定的意识、思想、观念等。人的精神因素对实践活动的影响和推动作用具有普遍性，它贯穿于一切人的实践活动，贯穿于人的一切实践活动，贯穿人类实践活动的始终。精神因素贯穿于人的一切实践活动，是指不论是人类的生产实践、阶级斗争、科学实验，还是军事斗争、教育实践、艺术实践，都离不开精神因素的推动。精神因素贯穿于人类实践活动的始终，是指精神因素不仅贯穿于每一项具体实践活动的始终，而且贯穿于从古到今整个人类实践活动的始终。

在马克思主义的发展史上，形成了许多关于精神的精辟论述。马克思曾经明确指出："理论一经掌握群众，就会变成物质力量。"① 他肯定了作为理论的精神可以变为推动群众实践活动的物质力量。恩格斯在《路德维希·费尔巴哈和德国古典哲学的终结》中对庸俗唯物主义、唯心主义等对精神的错误理解进行了批判，对精神的作用作出了经典表述："外部世界对人的影响表现在人的头脑中，反映在人的头脑中，成为感觉、思想、动机、意志，总之，成为'理想的意图'，并且以这种形态变成'理想的力量'。"② 毛泽东提出了"人是要有一点精神的"著名论断。在革命战争年代，毛泽东非常注意精神的力量和作用。新中国成立后，他也反复强调："我们要保持过去革命战争时期的那么一股劲，那么一股革命热情，那么一种拼命精神，把革命工作做到底。"③ 邓小平也十分重视精神的能动作用，他在中国革命与建设过程中都强调一定要有理想和信念，一定要有精神支柱。他指出："对马克思主义的信仰，是中国革命胜利的一种精神动力"④，"我们多年奋斗就是为了共产主义，我们的信念理想就是要搞共产主义。在我们最困难的时期，共产主义理想是我们的精神支柱，多少人牺牲是为了实现这个理想。"⑤ 江泽民指出："人总是要有一点精神的，一个民族更要有自己的精神。"⑥ 他一再强调："伟大的事业需要并将产生崇高的精神，崇高的精神支撑和推动着伟大的事业。没有坚强精神的民族，是没有前途的。"⑦ "对一个国家、一个民族、一个政党来说，牢固树立并保持积极向上的精神状态，是极端重要的。"⑧ "一个民族、一个国家，如果没有自己的精神支柱，就等于没有灵魂，就会失去凝聚力和生命力。有没有高昂的民族

---

① 《马克思恩格斯选集》第1卷，人民出版社1995年版，第9页。
② 《马克思恩格斯选集》第4卷，人民出版社1995年版，第232页。
③ 《毛泽东著作选读》下册，人民出版社1986年版，第800~801页。
④ 《邓小平文选》第3卷，人民出版社1993年版，第63页。
⑤ 《邓小平文选》第3卷，人民出版社1993年版，第137页。
⑥ 《毛泽东邓小平江泽民论思想政治工作》，学习出版社2000年版，第138页。
⑦ 江泽民：《论"三个代表"》，中央文献出版社2001年版，第130页。
⑧ 江泽民：《论"三个代表"》，中央文献出版社2001年版，第133页。

精神,是衡量一个国家综合国力强弱的一个重要尺度。"① 个人和民族都需要有自己的精神,没有自己的精神追求和精神支柱,无论是一个人还是一个民族,都将难以自立于世,更谈不上有所作为。

(二) 关于民族精神

每一个民族在漫长的历史演变中,都会形成独特的民族文化,积淀独特的民族精神。中华民族在五千年的发展史上,在创造光辉灿烂的物质文明的同时,也形成了以爱国主义为核心的博大精深的民族精神。

1. 民族精神是民族文化的精髓

民族是人类社会发展到一定历史阶段的产物,是人们在长期的共同社会生活实践中形成的一个有共同语言、共同地域、共同文化的稳定的成员联合体。每一民族为了整体的生存与发展,必然要求民族的成员凝聚在一起,协商、协调和合作,形成共同的利益目标。由于时空境遇的不同,每个民族都有自己独特的历史起源,并在一定的时空中展开自己民族的特有历史活动。在这个社会历史过程中,"发展着自己的物质生产和物质交往的人们,在改变自己的这个现实的同时也改变着自己的思维和思维的产物。"② 一定的民族在共同的物质生产方式和利益目标下,同时也会产生本民族的共同社会心理、价值追求、文化形式以及民族认同感。这就是一个民族在一定历史时期的民族文化。

民族文化具有相对的独立性和持久的稳定性,同时也具有动态性,它的内涵将会随着历史的发展、生产力的进步而不断丰富和充实。新的民族文化必定是在继承既有民族文化基础上产生的,但在民族文化的发展过程中,那些正确反映社会发展一般规律,反映全民族共同、长远和根本利益的民族文化才会保留下来。这些保留下来的,就是民族文化的精髓,是由历史积淀而成的民族精神。民族精神是民族文化中最核心内容和优秀成份的集中表现,是民族文化的精华。民族精神一旦形成就会反作用于民族文化,对民族性格、情操、社会心理等起着强大的导向和制约作用,是其他一切精神产生的基础。

有着五千多年历史的中华民族,在漫长的历史长河中,生生不息,不断发展壮大,为人类文明进步作出了不可磨灭的巨大贡献。支撑、促进中华民族历经风险磨难、饱尝艰辛困苦而永葆旺盛生命力的强大力量和不竭源泉,正是中

---

① 《毛泽东邓小平江泽民论思想政治工作》,学习出版社2000年版,第14页。
② 《马克思恩格斯选集》第1卷,人民出版社1995年版,第30~31页。

华民族在五千多年的历史发展中，形成的为大多数民族成员认同的心理素质、思想感情、理想信念、价值取向和道德准则，形成的具有亲和力和融合力的中华民族精神。中华民族民族精神博大精深，根深蒂固，是中华民族生命机体中不可分割的重要组成部分，是中华民族五千年来生生不息、不断发展壮大的精神动力，也是中国人民在未来的岁月里薪火相传、继往开来的强大精神动力。

2. 中华民族民族精神的基本内容

党的十六大报告明确指出：在五千多年的历史发展中，中华民族形成了以爱国主义为核心的团结统一、爱好和平、勤劳勇敢、自强不息的伟大民族精神。这五个方面的内容，是对中华民族博大精深民族精神的集中概括。

中华民族民族精神的核心是爱国主义。爱国主义是人们在人类社会历史进程中形成、发展、巩固起来的一种对自己的祖国极其忠诚和热爱的深厚情感，是调节个人与国家、与民族关系的基本政治、道德和人生价值规范，是一种体现爱国情感的社会实践行为，是爱国之情、报国之志和效国之行的统一。爱国主义是中华民族的优良传统和精神支柱。在中华民族五千多年的历史发展中，它始终是推动我国社会历史前进的巨大精神力量。在中华民族五千年的历史发展中，在爱国主义伟大旗帜的引领号召下，无数仁人志士为了国家和民族的利益前仆后继、奋斗终生。

团结统一是中国各族人民在长期的历史发展过程中形成的以追求民族团结、维护民族和国家统一为目的的精神特征。中华民族在与恶劣的自然条件和外来威胁斗争中养成了崇尚和谐友爱和民胞物与的品格。中华各族人民团结奋斗使大家有着统一的民族认同感和归属感，各族人民都把自己看成是中华民族的一部分，团结统一的思想已深入到中华各族儿女的心灵之中，成为他们自觉选择的价值取向。

爱好和平是各族人民长期共同生活和社会实践的文化积淀和结晶，是中华民族的性格。中华民族在同世界其他民族的交往中，平等相待，友好相处，求同存异，团结和平。这种世代相传的价值观念凝聚成了我们爱好和平的民族精神。孔子提出的"和为贵"精神一直深深扎根于我们的民族传统之中；孟子信奉"非战"立场，提出了人性"善"的本质以作为反战的人性根据，主张实行"王道"，坚决反对"霸道"；墨子从"兼爱"的社会理想出发，反对侵略战争，提出"非攻"的主张。同时，他反对侵略的防御战争，注意研究制止侵略战争的方略，讲求守御之术；老子则从"无道无为"的主张出发，设想了一个"虽有甲兵无所陈之"的社会理想。汉武帝派遣使者出使西域，唐太宗发展西域交通，郑和七下西洋，著名的"丝绸之路"等，都是中华民族对外和平交往的历史见证。

勤劳勇敢是中华民族形成最早、普及最广、传播最久、最受欢迎的美德之一。勤劳主要指人们对待劳动的态度及其行为品质。它反映了人们为了自身的生存和发展而与自然界作顽强斗争的精神状态，要求人们热爱劳动，勤奋努力，不怕苦，不怕累。在中华民族的意识中，勤劳是一切事业成功的保证，是兴家之宝，立国之本。随着历史的发展，勤劳的内涵也在不断丰富，它不仅指人们在劳动过程中体力与汗水的付出，也指人们对劳动成果的尊重与珍惜，因而勤劳与节俭又内在联系在一起。远在古代，人们就把勤俭看作修身、齐家、治国、平天下的必备品质和要求，他们笃信"克勤于邦，克俭于家"、"民生在勤，勤则不匮"，认为恪守勤劳与节俭，为人必正，理家必富，治国必成。历史与事实都证明，这是一条颠扑不破的真理。勇敢是人们在面临危难时所表现出来的一种意志特征。它是一种临危不惧、不畏艰险的英勇斗争精神。勇敢作为一种美德，有着丰富、深刻的内涵。首先，勇敢是一种大无畏的精神。"不惧强敌"、"勇者不惧"强调的就是人们在面对权势和强暴时，要有无所畏惧的精神。中华民族具有勇敢的性格，对内反抗压迫、对外抵抗外侮的精神贯穿于整个民族史中。其次，勇敢倡导的是一种有智慧有谋略的勇气。历代思想家都十分推崇智勇双全的人，孔子的"勇敢而又勇于不敢"的识人标准是这种思想的集中体现，他认为能担大任者是"临事而惧，好谋而成者"。第三，勇敢是一种以仁义为基础的胆识，只有深怀仁爱之心、遵循道义的勇敢才称得上"大勇"。古人强调"勇于义而果于德"，要求人们为了追求真理，坚持正义而"赴汤火，蹈白刃"的见义勇为精神。

自强不息是始终贯穿于中华民族民族精神的一项根本要求，也是传统道德的一项基本规范。"自强"是不依赖他人，自尊、自重、自立、自胜之意。"不息"是周而复始、永无懈怠之意。自强不息的民族精神，是指一个民族所具有的独立自主、奋发向上、不断进取的精神。它既是个人应该具有的文化素质，也体现着一个国家和民族独特的精神品格。自强不息包括以下四个方面的内涵：其一，锲而不舍，知难而进。这是中华民族自强不息精神的渊源。中华民族以勤劳勇敢而著称于世。"盘古开天地"的气魄，"女娲补天"的艰辛，"夸父逐日"、"后羿射日"的坚毅，"愚公移山"、"精卫填海"的执著，无一不凝结着中华民族一往无前、知难而进、顽强拼搏的精神品格，无一不是对中华民族坚持不懈、奋斗不息精神的真实写照。正是锲而不舍、知难而进的精神孕育了中华民族自强不息的精神。其二，奋发进取，刚健有为。这是自强不息的民族精神的精神实质。它强调发挥行为主体自身的能动作用，努力向上，奋发图强。《周易》说："天行健，君子以自强不息"；孟子说："自弃者，不可与有为也"；唐人李咸用《送人》诗说："眼前多少难甘事，自古男儿当自强"；《史记·太史公自序》中载："西伯拘而演《周易》，仲尼厄而做《春秋》，屈原放逐乃赋《离骚》"……这些都透射出奋发进取、愈挫愈奋、刚健有为的精神。其三，革故鼎新，与时俱进。这是自强不息的民族精神的核心内容。中华民族自强不息的精神自古以来就是一个不断革新、创新的过程，它蕴涵着与时俱进、与时偕行的基本要求。《诗经》上说："周虽旧邦，其命维新"；汤之盘铭所刻"苟日新，日日新，又日新"；《西畴老人常言》中的"与日俱新"等都说明自强不息的民族精神所内涵的革故鼎新、与时俱进的内容。其四，放眼世界，追求真理。这是中华民族自强不息精神的本质要求。积极进取的创造活动要以获得知识、认识世界为前提。中华民族孜孜不倦的格物致知之举，充分体现了中华民族勤奋好学、孜孜以求、追求真理的精神。中华民族不仅善于向其他少数民族学习，而且善于向周边国家学习。尤其是近代以来，自林则徐主张开眼看世界开始，学习西方以改变落后的中国，已成为当时和后来关心国家前途和命运的中国人的共识。可见，不断学习，追求真理是中华民族自强不息精神所内涵的重要内容。

在民族精神这个统一体中，爱国主义居于核心地位，它渗透在中华民族精神的一切领域。其中，团结统一是爱国主义在处理国家内部各民族之间、各成员之间关系的要求；爱好和平是爱国主义在处理本民族与世界其他民族之间关系的要求；勤劳勇敢、自强不息是实践爱国主义的必须途径。它们相辅相成，共同服务于"爱国兴邦"这一主题。

二、中国共产党革命精神

中国共产党的历史是一部让中国人民站起来、富起来、强起来的奋斗史，也是一部不断造就各种崇高精神的文明史。中国共产党革命精神是20世纪中国人民在中国共产党领导下，以马克思主义为指导，在推翻三座大山，争取民族独立和解放的过程中所积累起来的宝贵精神财富，是中国革命伟大实践的精神结晶和价值体现，是无数革命先烈用鲜血浇灌的精神文明的硕果，是中国共产党的独特政治优势和传家宝。

(一) 中国共产党革命精神是中华民族民族精神的延续和升华

中国共产党革命精神是千百年来中华民族伟大力量的充分展示和坚强意志的集中体现。中华民族有着自己的辉煌历史和伟大民族精神，古代的"天行健，君子以自强不息"、"富贵不能淫，贫贱不能移，威武不能屈"、"先天下之忧而忧，后天下之乐而乐"、"天下兴亡，匹夫有责"等饱含进取精神的格言，至今为中国人民所传颂。中国共产党的早期领导人正是在这些优良传统精神的熏陶和影响下，开始走上民族救亡之路，并通过艰苦卓绝的探索才找到把马克思主义同中国革命具体实际相结合，走"以农村包围城市、最后夺取革命胜利"的正确道路。在中国共产党的领导下，中国人民以无比的革命热情和无坚不摧的力量，并经过28年的浴血奋斗，换来了中国革命的伟大胜利，开创了中国人民独立自主、当家做主建设社会主义的历史新时代。

中国共产党领导人民进行的亘古未有的人民革命，是中国历史上最恢宏、最壮丽的篇章，造就出的一往无前、敢于牺牲、敢于创造、敢于胜利的革命精神和英雄主义气概，是以往任何时代的民族精神所无法比拟的。它是中国优秀人文精神、中国历代普遍性价值和优秀民族文化传统在当代的积淀和发扬光大。它既是中华民族传统美德的传承，又有着不同于以往民族精神的时代精神新质；既体现了中华民族生生不已、自强不息的伟大气概，又反映了中国共产党人的科学世界观和先进的本质。它是民族的魂魄、时代的精华。

(二) 中国共产党革命精神是建立在对社会发展规律的科学认识基础之上合乎时代进步的科学世界观

中国共产党革命精神是马克思主义基本原理与中国具体实际相结合的光辉结晶。马克思主义是揭示客观世界特别是人类社会发展最一般规律的科学，是无产阶级认识世界改造世界的锐利思想武器。中国共产党成立之初就把马克思主义写在自己的旗帜上，始终坚持以马克思主义为指导，运用马克思主义提供的世界观、方法论和基本原理不断研究和解决中国革命遇到的新情况新问题。

在马克思主义指导下，中国共产党创立了中国革命自己的理论，开辟了中国革命、建设和改革的道路，并形成了理论联系实际的学风，解放思想、实事求是的思想路线，艰苦奋斗、求真务实的工作作风等一系列革命精神。这些革命精神既是我们党的优良传统和作风，也是马克思主义的本质要求，是马克思主义科学世界观和方法论的具体体现。

（三）中国共产党革命精神是植根于社会现实又具有普遍指导意义的先进文化

中国共产党革命精神是中国人民实现社会主义现代化团结奋斗、凝聚人心的光辉旗帜和精神纽带。社会存在决定社会意识，社会意识对社会存在具有能动反作用。中国共产党革命精神是在党领导中国人民进行革命、建设和改革的伟大实践中创造和通过各种实践活动表现出来的，是反映社会发展客观规律的理性认识，体现着广大人民群众的根本利益，代表社会前进方向，是最先进的精神文化。因此，它对社会实践具有普遍的指导意义，是中国人民团结奋斗的精神支柱和力量源泉。革命战争年代，成千上万的英雄儿女正是在中国共产党革命精神的激励之下，怀着对美好社会的憧憬，不惜抛头颅、洒热血，换取了中国革命的彻底胜利；也正是在党的革命精神的感召激励之下，中国人民意气风发走向社会主义的康庄大道，走向改革开放的胜利之路。

邓小平对什么是革命精神作了全面、深刻、系统的论述，他将革命精神的内容具体表述为"五种精神"和五个"庄严的革命口号"，即"革命和拼命精神，严守纪律和自我牺牲精神，大公无私和先人后己精神，压倒一切敌人、压倒一切困难的精神，坚持革命乐观主义、排除万难去争取胜利的精神"，以及体现上述革命精神的"全心全意为人民服务"、"个人服从组织"、"大公无私"、"毫不利己、专门利人"、"一不怕苦、二不怕死"等庄严革命口号。邓小平对革命精神所作的这种概括，体现了各个时期中国共产党革命精神共性之所在。

三、中国共产党革命精神的具体形态

在新民主主义革命时期，中国共产党革命精神具体历经井冈山精神、长征精神、延安精神、红岩精神和西柏坡精神等精神形态的嬗变。

（一）井冈山精神

五四运动前后，随着马克思主义广泛传播，随着中国社会内部出现了一批接受马克思主义的先进分子，建立新型的工人阶级革命政党的任务被提上了日程。经过各地共产主义小组的努力和共产国际的帮助，1921年7月中国共产党在上海建立。在马克思列宁主义指导下，在中国共产党的领导下，中国革命的面貌焕然一新。中共一大、二大、三大、四大，对中国革命的指导思想、奋

斗目标、斗争方式等问题进行了有益的探索，明确提出了反帝反封的民主革命纲领。1924年，国共实现第一次合作后，工农运动得到了很大发展，北伐战争节节胜利，沉重打击了帝国主义及其走狗北洋军阀的反动统治，也锻炼了中国共产党和工人阶级，扩大了党在人民群众中的影响，为即将到来的土地革命战争准备了条件。但是，1927年，蒋介石在上海发动"四一二"反革命政变、汪精卫在武汉发动"七一五"反革命政变后，轰轰烈烈的大革命失败了，成千上万的革命志士英勇牺牲。经过大革命失败的惨痛教训，中国共产党意识到了建立革命武装和独立领导革命的重要性和紧迫性。

八一南昌起义打响了武装反抗国民党反动派的第一枪。接着，中国共产党又发动了秋收起义、广州起义、百色起义等起义。这些武装起义标志着中国共产党开始了创建红军的新时期。其中毛泽东领导的秋收起义为中国共产党开辟了一条崭新的民主革命道路。根据中共八七会议的决定，1927年9月9日，毛泽东以中共中央特派员的身份，领导以"工农革命军第一军第一师"为骨干的5000余人发动了湘赣边秋收起义。在攻打长沙的战斗中，由于敌强我弱，再加上第四团敌前叛变，起义受挫。为了保存革命力量，毛泽东在浏阳文家市前委会议上力排众议，从敌强我弱的实际出发，说服部队放弃攻打长沙的计划，向敌人力量薄弱的湘南农村地区退却。9月29日，部队在永新县三湾村进行改编，规定班设党小组、连设支部、营团建立党委，确立了中国共产党对军队绝对领导的原则。10月27日，部队到达茨坪。经过近两个月的调查了解，毛泽东放弃去湘南的计划，决定在罗霄山脉中段的井冈山树起革命红旗与国民党反动派进行斗争。在井冈山，毛泽东率领秋收起义部队，联合王佐和袁文才的部队，经过大小十余次战斗，初步完成了根据地的创建工作。1928年4月，朱德、陈毅率领南昌起义残部与毛泽东会师，两军计两万余人，改为中国工农红军第四军。从此，在毛泽东、朱德领导下，井冈山革命根据地进一步巩固扩大，成为土地革命时期中国工农红军建立的第一块农村革命根据地。

井冈山斗争期间，除了带领红军创建革命根据地外，毛泽东还对中国革命的道路、前途等问题进行了深入思考，先后写成《井冈山的斗争》、《中国的红色政权为什么能够存在》、《星星之火，可以燎原》等文章，提出了"工农武装割据"理论，基本形成了农村包围城市的革命道路思想。实践证明，这些理论是正确的，符合马克思列宁主义基本原理，符合中国革命的实际，是马克思列宁主义基本原理在中国革命实践中的创造性运用。提出和实践这种理论过程中所体现出来的精神，如勇于开拓创新的革命胆略、实事求是的科学态度、浴血奋战的拼搏精神、艰苦奋斗的优良作风、坚定不移的崇高信念等，构成井冈山精神的基本内容。井冈山精神是中国共产党革命精神的源头，凝聚着毛泽东、朱德等老一辈无产阶级革命家的优良传统，是中国革命前进的重要精神动力。在革命精神的带动下，土地革命如星星之火，逐渐形成燎原之势，短短三年时间里，中国工农红军先后建立了鄂豫皖、湘鄂西、陕甘、湘鄂赣、闽浙赣、左右江、琼崖等十几块农村革命根据地。

（二）长征精神

长征精神是中国共产党在同王明"左"倾冒险主义错误路线斗争中，在艰苦卓绝的二万五千里长征中培育、形成的一种伟大的精神风貌与精神品格。1931年在中共六届四中全会上，以王明为代表的"左"倾教条主义在中央占据了统治地位，从此长达四年之久，极大地危害了中国革命。在第五次反围剿期间，"左"倾冒险主义发展到顶点，实行阵地战、堡垒战，致使红军伤亡惨重，反围剿失败。在这生死存亡的紧急关头，为了保存革命有生力量，1934年10月10日，中共中央和红军总部被迫开始长征，实施战略大转移。长征首先是革命处于低潮环境下，中国共产党的坚强意志与险恶环境和凶恶敌人的最残酷的较量。为了摆脱敌人的围追堵截，红军在毛泽东的领导指挥下，以非凡的智慧和勇气，运用灵活机动的战略战术，四渡赤水，巧渡金沙江，强渡大渡河，飞夺泸定桥，转战乌蒙山，爬雪山，过草地，艰难行军二万五千里，纵横11个省，在中国革命史上谱写了一篇气壮山河的英雄主义史诗。刘伯承元帅在《回顾长征》一文中说："长征中，红军斩关夺隘，抢险飞渡，杀退了千万追兵阻敌，翻越了高耸入云的雪山，跋涉了渺无人烟的草原，其神勇艰苦的精神，充分显示了共产主义运动具有无比顽强的生命力，表现了中国共产党领导的军队无坚不摧的战斗力量。"①

长征也是中国共产党内部正确思想路线与错误思想路线的一场生死决斗。长征后，红军与共产国际的联系减少，中国共产党开始独立解决自己的思想路线问题。1935年1月，中共中央在遵义召开特别会议，结束了王明"左"倾错误路线在中央的领导，确立了以毛泽东为代表的新的中央领导。遵义会议是中国共产党第一次独立自主地运用马克思列宁主义基本原理解决自己的路线、方针问题的会议，它的成功对今后党领导的革命事业的发展有着极大的历史意

---

① 李曼村：《刘伯承传》，当代中国出版社1992年版，第47页。

义。1935年6月,红一、红四方面军会师后,党中央又和张国焘右倾分裂主义错误思想进行了不懈的斗争,维护了革命队伍的团结。1936年10月,中国工农红军三大主力第一、二、四方面军在甘肃会宁、静宁地区会师。以此为标志,历时两年、行程二万五千里的长征,宣告胜利结束。长征胜利是中国革命事业转危为安的关键。经过长征,中国工农红军摆脱了国民党军队和地方军阀的围追堵截,保存和锻炼了革命骨干,宣传了中国共产党的理论和主张,扩大了红军的影响。长征中红军指战员所表现出来的对革命理想和革命事业坚定不移的政治信念,不怕艰难困苦,不怕流血牺牲的英雄气概,一切从实际出发、实事求是的科学态度构成了伟大的长征精神。

(三) 延安精神

延安精神是党在抗日战争和解放战争时期优良传统和优秀作风的总称。长征胜利后,延安成为革命的圣地。在这里,毛泽东和党中央领导全国人民进行了抗日战争和解放战争。抗战期间,中国共产党根据敌强我弱、敌小我大、敌退步我进步、敌寡助我多助的特点,提出了持久战战略思想,并在这个战略思想指导下,开辟敌后抗日根据地,进行运动战、游击战,因而,随着战事的发展,中国共产党领导的敌后抗日武装的地位日益重要,成为抗击日军的主力部队。延安时期,党中央为了肃清和纠正党内存在的教条主义、经验主义、宗派主义错误思想,还在全党发起了整风运动。整风贯彻了毛泽东提出的"惩前毖后,治病救人"的方针,真正做到了从团结的愿望出发,经过批评与斗争,达到团结的目的。在与错误思想作斗争的过程中,中国共产党人还就马克思主义中国化问题进行了大胆探索,并在马克思主义基本原理与中国革命实际相结合的基础上形成了毛泽东思想。

延安时期是中国革命发生转折性变化的历史阶段。与这一历史阶段相适应,形成了延安精神。延安精神是中国共产党人优良传统和优秀作风的总代表,包括抗日救亡的爱国主义精神,理论联系实际、密切联系群众的工作作风,实事求是的思想路线,自力更生、艰苦奋斗的创业精神,不畏强敌、英勇战斗的大无畏英雄气概等。它的形成标志着中国共产党革命精神已经成熟。

(四) 红岩精神

红岩精神是国统区共产党人革命精神的代表和体现。它产生于中华民族处于危急关头的抗日战争时期，而发扬光大于曙光将临的解放战争时期。抗日战争爆发后，国共两党实现了第二次合作。但是，国民党反动派总是不忘其"攘外必先安内"的卖国信条，频繁制造反共事件。此时，周恩来率领一大批优秀共产党人，在陪都重庆红岩村建立了中共南方局。在险恶的环境中，中共南方局全体共产党人与国民党顽固派作斗争，与奢靡颓废的风气作斗争，团结一切可以团结的力量，始终高举抗日与民主两面大旗，发展壮大了进步力量，维系了国共合作，保证了抗战的胜利，为解放战争时期形成我党的第二条战线奠定了坚实的基础，从而也为近代中国革命熔铸了不朽的丰碑——红岩精神。

红岩精神包括救亡图存的爱国精神、不畏艰险的奋斗精神、和衷共济的团结精神和勇于牺牲的奉献精神。解放战争时期，作为红岩村的后继者——一大批党的儿女不惧国民党的白色恐怖和垂死前的淫威，与反动派展开了殊死的斗争。特别是以江竹筠、许晓轩、陈然等为代表的共产党人身受酷刑意志如钢，"宁可站着死，决不跪着生"，将红岩精神进一步光大，使之成为对党、对国家、对人民、对理想信念无限忠诚的人格精神的一种象征。

（五）西柏坡精神

抗战胜利后，中国人民欢欣鼓舞，对前途充满希望。中国共产党也联合各民主党派提出了组建民主联合政府的主张。参加重庆谈判，参加政治协商会议，都表明了中国共产党要求民主、要求和平的愿望。但是蒋介石集团却无视民意，于1946年6月围攻中原解放区，发动了全面内战。在全面进攻失败后，1947年3月又对中国共产党党中央所在地陕北发起了重点进攻。面对国民党军队的进攻，毛主席和党中央自如应付，以退为进，主动撤离延安，与敌人在陕北的千沟万壑中周旋，歼灭了敌人大量有生力量，有力地打击了国民党军的士气。经过一年多的转战，1948年5月26日，党中央进驻河北平山县西柏坡村。在西柏坡，党中央指挥中国人民解放军进行了举世闻名的辽沈、淮海、平津三大战役和渡江战役，并召开七届二中全会，提出党的工作重心由乡村向城市的战略转移问题。

党中央进驻西柏坡时期，毛泽东和党中央所表现出来的谦虚谨慎、艰苦奋斗、依靠群众、团结统一、敢于战斗、敢于胜利精神构成西柏坡精神的主要内容，其中毛泽东在七届二中全会上向全党所提出的两个"务必"的要求，即务必使同志们继续地保持谦虚、谨慎、不骄、不躁的作风，务必使同志们继续地保持艰苦奋斗的作风，也成为西柏坡精神的主题。西柏坡精神是中国革命由局部胜利走向全面胜利，工作重心由农村转向城市的产物，反映了时代的要求，科学地提出和回答了中国共产党人怎样经受革命胜利和执政党地位考验的历史性课题。其特征是胜利面前不骄不躁，保持艰苦奋斗的作风，不断革命，将革命进行到底。

第三章

根源探究：民族精神

中国共产党革命精神不是无源之水、无本之木，它是中华民族博大精深的民族精神在新民主主义革命时期的弘扬与发展，民族精神是中国共产党革命精神嬗变之"源"。民族精神历经中华民族五千年的历史和灿烂文化，在中华民族的行为、习惯和风貌上打下了深刻的烙印。民族精神与革命精神的关系，不能简单地认为是"血缘关系"、"师缘关系"、"亲缘关系"或这些关系简单相加。要厘清革命精神与民族精神二者的相互关系，必须在历史与现实、理论与实践的综合视野中作全面、辩证的考察。

一、中国共产党革命精神是民族精神的丰富与发展

民族精神是中国共产党革命精神之源，没有中华民族五千年来所积淀的优秀民族精神，就不会有伟大的革命精神的产生。中国共产党革命精神在继承中华民族民族精神的同时，蕴含着崇高共产主义精神，体现了鲜明的阶级性和时代性，丰富和发展了民族精神。

（一）革命精神传承了民族精神的核心内容

精神具有延续性和发展性。革命精神自身的发展离不开民族精神，必然要依赖这个具有五千多年历史积淀，博大精深的精神体系。从井冈山精神到西柏坡精神，没有哪一种具体形态的革命精神不是民族精神的继承和发展。虽然革命精神有自己的特殊性和先进性，革命精神的这些特殊性和先进性只有坚持生长在民族精神的同一内涵上，才能获得自己存在的基础，才能在历史的洪流中保存自己的独特本质。没有了爱国主义精神，没有了团结统一、爱好和平、勤劳勇敢、自强不息的民族传统，仅凭在某一时期、某一地域形成的价值取向和行为准则，是不能成为全国人民共同价值取向和行为规范的，更不能感召全国

根源探究：民族精神

人民为了共产主义奋斗不息。

革命精神始终坚持爱国主义的民族传统。在鸦片战争以后，随着民族危机的加深，使中华民族几千年来的爱国主义传统得到了空前的发扬光大。围绕着救亡图存的主旋律，中国近现代爱国主义主要表现为反对帝国主义侵略，维护民族独立和国家主权，反对封建压迫，推翻腐败的封建专制统治以及寻求和探索救国强国之路。从林则徐到孙中山，他们为了拯救中华民族，围绕着爱国主义的时代主题，带领中国人民进行了不屈不挠的斗争。但由于没有先进理论的指导和先进力量的领导，中国人民的种种努力最终都失败了。以毛泽东为代表的中国共产党人，始终坚持民族独立和人民解放这一爱国主义的时代主题，领导中国人民进行了彻底的反帝反封建反官僚资本主义的新民主主义革命，终于建立了新中国并确立了社会主义制度，实现了中国有史以来最深刻、最广泛的社会变革。新民主主义革命时期形成的革命精神也离不开爱国主义这个主旋律。从井冈山精神到西柏坡精神的革命精神，是千千万万舍生取义的爱国英烈用鲜血浇铸而成的，同时又吸引着无数的爱国志士为着美好的新中国，为着中华民族的伟大复兴而前仆后继。

团结统一是革命精神的重要内容。中国共产党自成立以来，就以实现中华民族的伟大复兴为己任，致力于国家统一和民族振兴。在马克思主义关于民族的理论指导下，中国共产党制定正确的民族政策，团结和带领全国各族人民取得了新民主主义革命的胜利。革命精神强调自力更生、艰苦奋斗，更强调团结一切可团结的力量打击真正的敌人。中国现代史上的抗日战争可以说是中华民族发扬团结统一精神，维护祖国独立统一的历史经典。面对日本帝国主义的侵略，全民族空前地团结起来。国共实现两党合作，两个战场互相配合；各民主党派抛弃前嫌，积极支持抗战；少数民族和汉族人民一道，英勇地投身于伟大的民族解放战争之中；海外华侨积极捐款捐物，很多华侨回国参加对日作战。中华民族的这种团结统一的精神成为抗日战争胜利的精神保证。团结统一的民族精神是中华民族宝贵的精神财富，中国共产党坚持和弘扬了这一民族精神，并赋予它新的内容和新的活力。

革命精神是革命的，更是爱好和平的。中国新民主主义革命的发生和发展是帝国主义和中国封建主义长期压迫中国人民的结果。中国人民长期生活在帝国主义和封建主义的多重压迫下，食不果腹，衣不蔽体，连年经受战火蹂躏，其生活困苦为世界罕见。中国共产党领导人民进行革命，不是为了革命而革命，而是为了和平幸福的未来，为了有一个安定团结，人民安居乐业的新中国。在中国共产党领导中国人民进行反帝反封建的新民主主义革命中,注意把帝国主义和帝国主义国家的人民区分开,把日本军国主义的侵略行径和日本人民的友好行为分开,把反对帝国主义和打击日本侵略者和联合世界爱好和平的国家相结合,对敌作战讲究有理、有利、有节,最终取得了新民主主义的伟大胜利,把中华民族爱好和平的思想充分体现在革命精神之中。

中国共产党是勤劳勇敢优良传统的真正继承者。她在领导人民进行民主革命、社会主义革命和社会主义建设的长期实践过程中,适应时代的要求,不断丰富和发展着中华民族勤劳勇敢的民族精神。在井冈山,从最高领导到普通战士,都要亲躬劳作,都要作战守卫;在长征路上,敌军的围追堵截、峡谷激流、雪山草地、物资匮乏、生命禁区挡不住红军前进的步伐;在延安,党领导人民一方面对敌斗争节节胜利,一方面开展生产自救、经济建设、文化创新、国际交往等;在西柏坡,党领导百万大军戒骄戒躁,艰苦奋斗,发起对敌人的最后一击。这些精神使我们在任何艰难环境中都能保持昂扬的奋斗状态,是夺取一个又一个胜利的重要保证。

中国革命是在极端困难又无外援的环境中前进的。这样的环境,锻造了中国共产党和中国人民不怕鬼、不信邪、不怕牺牲的大无畏的革命英雄主义精神,弘扬了独立自主、自强不息的民族传统。井冈山、南泥湾、延安、西柏坡等地区,环境恶劣、条件艰苦,但党和人民用自己的力量证明了从来没有什么救世主,只能自己走自己的路,自己解放自己。正是充分发扬了自强不息的民族精神,我们党团结和领导人民战胜了国内外强大敌人,不断开创了革命事业的新局面。

(二) 革命精神赋予了民族精神新的内涵

中国共产党革命精神同以往任何时代精神相比,具有自身的鲜明"个性",这种"个性"也使中华民族民族精神具有了全新的内涵,更加具有生机和活力。

中国共产党革命精神是近代中国人民在党的领导下,坚持和创造性地运用马克思列宁主义,在革命过程中不断推进自身建设和走向成熟的经验总结,是集中反映党的思想路线、政治路线、组织路线,涉及政治、经济、军事、文化、社会,以理论与实践、最高纲领与最低纲领、目标与政策、行动与作风统一为特征的博大精神体系。中国共产党领导人民一同创造的革命精神是受共产主义感召而形成的,以共产主义作为自己的核心理念。这一特征使它同以往资

根源探究：民族精神

产阶级、农民起义等表现出来的革命精神有着本质的不同。

革命精神的理论基础是毛泽东思想。伟大的精神离不开伟大的理论，精神给理论予力量，理论赋精神予方向。中国共产党从建党那一天起就公开宣布坚持以马克思主义为指导，要在中国建立社会主义制度，实现社会主义。在这个目标的指引下，在这个崇高理想的感召下，无数优秀的中华儿女为着这个崇高的事业前仆后继，奋斗不息。但十月革命给中国送来的马克思列宁主义只能给中国革命以原则上的方向性的指导，而不能给中国革命遇到的具体问题提供现成的答案。中国共产党和中国人民必须把马克思主义的一般原理和中国的具体实际相结合，独立自主地正确判断近代中国社会的性质和社会各阶级状况、科学认识中国革命的规律、制定适合中国情况的路线，才能取得革命的最终胜利，实现共产主义的远大目标。

以毛泽东为代表的中国共产党人，在近代以来复杂又特殊的国际和国内环境中，在运用马克思主义同帝国主义、封建主义、党内教条主义、机会主义等的斗争中，实现了马克思主义和中国具体实际结合，创造性地发展了马克思主义，形成了毛泽东思想。毛泽东思想是被实践证明了的关于中国革命和建设的理论原则和经验总结，其核心是新民主主义革命的理论。这个核心理论不仅科学地分析了中国社会性质和中国革命所处的时代特征，系统地回答了新民主主义革命的性质、对象、任务、动力、前途及道路等一系列基本问题，制定了新民主主义革命的总路线，而且还制定了新民主主义社会的经济、政治、文化纲领，规定了由新民主主义社会向社会主义社会转变的总任务和主要途径。毛泽东思想是与马克思列宁主义一脉相承的科学体系，是党自觉运用马克思主义的立场、观点和方法科学回答"中国向何处去"的理论成果。没有毛泽东思想就没有新民主主义革命的蓬勃发展，更谈不上革命精神的形成和发展。毛泽东曾明确指出："马克思主义必须和我国的具体特点相结合并通过一定的民族形式才能实现。"① 以毛泽东思想为指导形成的中国共产党革命精神，既闪耀着马克思主义的光辉，又具有鲜明的民族特色。

革命精神的核心是共产主义信仰。共产主义信仰就是对共产主义思想、理论和社会制度的深刻理解，对共产主义事业的正确性和必然性深信不疑，对共产主义理想进行执著的追求。共产主义是人类社会发展的历史必然趋势，是最完美的社会制度。在共产主义社会里，生产力充分发展，社会产品极大丰富，

---

① 《毛泽东选集》第 2 卷，人民出版社 1991 年版，第 533 页。

没有剥削，没有压迫，人的个性得到彻底解放，人们享有充分的自由，劳动不再是为了生存，而是为了个人自由自觉的需要。共产主义信仰是科学、现实、崇高完美结合的信仰。共产主义远大目标作为人类社会实践所能提出的最大现实目标，它不但具有最大的物质价值，带给人类以最大的物质利益，而且具有最崇高的精神价值，鼓舞人类进入最高的精神境界，塑造完美高尚的人格。共产主义信仰自产生以来，已深入亿万无产阶级和先进分子的内心，激发了为人类解放而献身的崇高感情，创造了无数可歌可泣的崇高业绩，涌现出无数值得人们永久敬仰的英雄人物，这些都闪耀着马克思主义信仰的崇高光辉。

革命精神之所以能成为我们党和人民的精神支柱，就是因为它以共产主义信仰作为自己的核心。共产党人也就是因为坚信共产主义，具有坚定的高尚共产主义信念才领导人民一道创造出革命精神。邓小平说："马克思主义，另一个词叫共产主义。我们过去干革命，打天下，建立中华人民共和国，就因为有这个信念，有这个理想。"① 他指出："对马克思主义的信仰，是中国革命胜利的一种精神动力。"② 并强调："为什么我们过去能在非常困难的情况下奋斗出来，战胜千难万险使革命胜利呢？就是因为我们有理想，有马克思主义信念，有共产主义信念"③，"我们多年奋斗就是为了共产主义，我们的信念理想就是要搞共产主义。在我们最困难的时期，共产主义理想是我们的精神支柱，多少人牺牲就是为了实现这个理想。"④ 共产主义运动在中国的发展，推动了马克思主义中国化进程，形成了毛泽东思想，同时也形成以共产主义信仰为核心的革命精神。毛泽东思想与革命精神都是共产主义运动在中国发展的产物，是一个过程的两个方面。井冈山精神、长征精神、延安精神、红岩精神、西柏坡精神是一脉相承的，其延续的"血脉"就是革命精神蕴含马克思主义真理力量和共产主义信仰。这就使得革命精神在继承民族精神的同时，又极大地丰富和发展了民族精神，赋予了民族精神新的时代内涵。

二、中国共产党革命精神与民族精神的互动发展

中国共产党革命精神一经形成，就开始了同民族精神的互动发展：民族精

---

① 《邓小平文选》第3卷，人民出版社1993年版，第173页。
② 《邓小平文选》第3卷，人民出版社1993年版，第63页。
③ 《邓小平文选》第3卷，人民出版社1993年版，第110页。
④ 《邓小平文选》第3卷，人民出版社1993年版，第137页。

根源探究：民族精神

神在革命精神的形成与发展中得到升华，革命精神在民族精神的继承与弘扬中得到发展。

（一）民族精神在革命精神的形成与发展中得到升华

中国共产党革命精神是不断发展的，革命精神不断地由民族精神孕育出来，又不断地向着民族精神回归，成为民族精神的重要组成部分，为民族精神注入新的生机与活力，使其具有新的内涵。

中国共产党革命精神的形成，首先使爱国主义的内涵发生了深刻的变化。爱国主义不再是以往阶级社会中的对自己国家的简单热爱和对某一个统治阶级的效忠。爱国主义是忠诚于无产阶级，是全心全意为人民服务。从爱国主义到共产主义是一切中国先进分子的必然道路。爱国主义在新民主主义时期必然表现在革命精神中，爱祖国就是要反帝反封建，把中国变成一个独立富强的社会主义国家；在社会主义建设时期就是在中国共产党的领导下，积极为中国特色社会主义作出贡献。爱国主义这一民族精神的核心内容，在中国共产党革命精神的形成与发展中，被赋予了新的内涵，有了新的境界和高度。

团结统一是中华民族凝聚力与向心力的直接源泉。中华民族在五千多年的历史发展长河中一直长盛不衰，这在世界民族发展史上是罕见的。原因就在于，自古以来中华民族就有着强大的民族凝聚力和向心力。在中国共产党的领导下，特别是在经过抗日战争以后，团结统一精神成为中华民族凝聚力和向心力的直接源泉。团结统一不再是传统上的追求"中华正统"，不再有"华夏""夷狄"之分，满汉之争。中华各族人民真正平等，有了一致的价值取向和奋斗目标，那就是要维护中华民族的团结和国家的统一，这种价值取向和奋斗目标为各族人民提供了强大的精神动力。中华各族人民有着统一的民族认同感和归属感，各族人民都把自己看成是中华民族的一部分，团结统一的思想已深入到中华各族儿女的心灵之中，成为他们自觉选择的价值取向。吸收了革命精神的团结统一精神，激发了整个中华民族的民族自豪感和民族责任感，增强了民族凝聚力，使全国各族人民团结起来，有力地抵御了外敌入侵，调动了包括港澳台同胞和海外侨胞在内的每个中华儿女的热情和力量，带领每个炎黄子孙投身于祖国统一大业中，为中华民族的伟大复兴而奋斗。

革命精神向民族精神的回归使爱好和平、勤劳勇敢和自强不息的民族精神有了新的精神境界。爱好和平不再限于中国人民各民族之间，各成员之间，而是广泛到同世界各民族、各国家、各地区之间，甚至突破意识形态的不同，在全世界范围内，同各个国家，包括资本主义大国，求同存异，和平往来；勤劳勇敢不仅仅是战胜自然灾难，克服困苦环境，更表现于无畏一切反动势力，无畏强权霸权，敢于胜利，敢于驾驭复杂局面，勇担重任，开拓创新，取得胜利的精神；自强不息精神更是具有了解放思想、实事求是、与时俱进的马克思主义精髓，成为中华民族在新的历史条件下不断探索创新奋斗的精神支撑。

（二）革命精神在民族精神的继承与弘扬中得到发展

革命精神是在新民主主义革命时期形成的，但如果把革命精神仅看作是战争年代的精神，更甚至是把井冈山精神仅看作是井冈山时期独有的，把长征精神仅看作是长征时期所特有的，就是把革命精神静止化。同样，如果把某一革命精神具体形态，如西柏坡精神等看作是整个革命精神，更甚至是整个民族精神，也是通过夸大革命精神使其静止化，停止发展。事实上，中国共产党革命精神不会成为无产阶级革命或专政对象的精神力量，也不会成为非中华民族群体的精神力量，这充分说明革命精神是具有无产阶级属性的，是具有中华民族特性的。这也决定了革命精神必然也必须回归到民族精神中去，成为中华民族精神的重要组成部分。

历史的发展，马克思主义运动的发展，中国共产党的革命实践要求产生的每一具体的革命精神要重新回归到民族精神的洪流中去。也唯有如此，才能继承和超越某种具体的革命精神，才能使马克思主义同民族精神继续更深刻地结合，继续催生新的革命精神。革命精神一旦形成，它的发展和民族精神的发展就是同一个历史过程。

事实已经证明，在社会主义建设新的征程中，中华民族在继承与弘扬民族精神的过程中，中国共产党带领中国人民在新的伟大实践中形成了"抗美援朝精神"、"大庆精神"、"抗洪精神"、"抗震救灾精神"等内涵丰富的精神形态，这些精神是中国共产党革命精神在新的历史条件下的弘扬与发展，同时也为民族精神宝库增添了新的内容。新时期，大力弘扬中国共产党革命精神，必须同新的历史任务和时代精神相结合，必须与弘扬与发展民族精神的实践相结合，使革命精神永存于伟大的民族精神之中，成为植根于中华大地生生不息的圣火。

三、中国共产党革命精神与民族精神的当代统一

新民主主义革命时期，革命精神与民族精神实现了高度统一。在当代中

国,革命精神与民族精神也必将继续统一于马克思主义中国化的理论探索和建设中国特色社会主义的伟大实践。

(一) 统一于马克思主义中国化的理论探索

一个政党,一个国家和民族,要兴旺发达,就必须有科学理论的指导。马克思主义是我们立党立国的根本指导思想,是全国各族人民团结奋斗的共同理论基础。在当代中国,坚持马克思主义就是要将马克思主义与中国具体国情结合起来,不断推进马克思主义中国化进程。马克思主义中国化是根据中国的实际,按照中国的特点去运用马克思主义,使它的每一表现都带着必须有的中国特性,最终把马克思主义普遍原理同中国的经济、政治和文化实际相结合、相融汇。换言之,马克思主义中国化的要求之一就是马克思主义必须和中华民族传统相结合,必然要同中华民族精神相融合。

中国共产党在马克思主义中国化第一次飞跃——毛泽东思想指导下,在新民主主义革命伟大实践中形成的革命精神,就是马克思主义与民族精神相"融合"的产物。革命精神蕴含的实事求是的思想路线、全心全意为人民服务的宗旨,具体问题具体分析的方法论要求等,都是中华民族民族精神与马克思主义的世界观和方法论相结合的产物。正是因为革命精神是马克思主义科学世界观与方法论的具体体现,革命精神才能够成为指引新民主主义革命胜利的强大精神力量。也正是因为革命精神继承了伟大的民族精神,革命精神才具有广泛的号召力和凝聚力,成为推动新民主主义革命胜利的动力源泉。

革命精神的产生揭示了中华民族精神和马克思主义相联系的规律,同时也预示了自身不断向前发展的动力。马克思主义中国化是不断深化的过程。我们党在领导中国革命和建设的长期实践中,把马克思主义基本原理同中国具体实际和时代特征相结合,不断推进马克思主义中国化,实现了两次历史性飞跃——形成了毛泽东思想和中国特色社会主义理论体系。党的十七大报告指出,要大力推进理论创新,不断赋予当代中国马克思主义鲜明的实践特色、民族特色、时代特色。这就内在要求我们在推进马克思主义中国化进程中,要在中华民族伟大民族精神中寻找智慧,在中国共产党革命精神中汲取养料,使中国化马克思主义理论具有鲜明的实践特色、民族特色和时代特色,真正成为全党全国各族人民共同团结奋斗的思想基础。

（二）统一于建设中国特色社会主义的伟大实践

党的十七大高举中国特色社会主义伟大旗帜，对在新的历史时期继续全面建设小康社会、发展中国特色社会主义作出了全面部署。在发展中国特色社会主义伟大实践中，民族精神与中国共产党革命精神的弘扬与发展，历史地规定于社会主义文化建设和党的先进性建设这两大任务之中。

当今时代，文化越来越成为民族凝聚力和创造力的重要源泉，越来越成为综合国力竞争的重要因素。党的十七大作出了推动社会主义文化大发展大繁荣的战略部署。继承弘扬民族精神与发展中国共产党革命精神，是社会主义文化建设题中之义。新时期，必须大力弘扬民族精神和中国共产党革命精神，用社会主义核心价值体系领多样化社会思潮，激发全体人民朝着共同的理想目标努力奋斗，不断增强中华民族的凝聚力、向心力和创造力；必须加强中华优秀文化传统教育，大力弘扬爱国主义、集体主义、社会主义思想，加强社会公德、职业道德、家庭美德建设，努力建设和谐文化，打牢全体人民团结进步的精神支撑；必须坚持为人民服务、为社会主义服务的方向和贴近实际、贴近生活、贴近群众的原则，在文化事业中大力开发和利用民族文化和革命精神的丰厚资源。

中国共产党是中国特色社会主义事业的领导核心。党的十七大报告指出，我们党自诞生之日起就勇敢担当起带领中国人民创造幸福生活、实现中华民族伟大复兴的历史使命。为了完成这个历史使命，一代又一代中国共产党人前赴后继，无数革命先烈献出了宝贵生命。当代中国共产党人必须继续承担好这个历史使命。报告强调，党要站在时代前列带领人民不断开创事业发展新局面，必须以改革创新精神加强自身建设，不断加强党的先进性建设。

加强党的先进性建设，必须继承和发扬党的优良传统。正如胡锦涛延安考察时强调指出：以延安精神为代表的伟大革命精神是我们党的优良传统和宝贵财富，过去是、今天仍然是我们战胜困难、取得胜利的法宝。革命精神昭示我们，没有崇高理想和坚定信念，没有百折不挠的英雄气概，没有勇于探索的艰辛实践，我们党就不可能找到中国革命和社会主义建设的正确道路，就不可能开创中国特色社会主义的伟大进程。在新时期新阶段，当代共产党人要肩负中华民族伟大复兴的历史重任，就必须在社会主义经济建设、政治建设、文化建设、社会建设和党的建设中把革命精神和优良传统发扬光大。在新的历史时期，要通过不断加强党的先进性建设，通过党员的先锋模范和带头作用，使井冈山精神、长征精神、红岩精神、延安精神、西柏坡精神等革命精神奔流于今天的每个共产党员的血液，让这种革命精神沛然充盈于中华民族的肌体，世代相传，绵延不绝。中国共产党必定能成为一个纯洁的党，一个与时俱进的党，一个带领中华民族走向伟大复兴的先进的执政党；中华民族必定能成为一个对人类的和平与发展作出更大贡献的民族；中国特色社会主义事业，也就一定能够实现。

第四章

初始形态：井冈山精神

井冈山是中国革命的摇篮。井冈山的革命斗争不仅点燃了中国革命的星星之火，开辟了一条农村包围城市、武装夺取政权的正确道路，而且在这一过程中孕育了井冈山精神。井冈山精神是中国共产党的优良传统，是毛泽东等老一辈无产阶级革命家亲手培育，在艰苦卓绝的井冈山斗争实践中形成的革命精神。它集中体现了中国共产党的性质、宗旨和无产阶级的彻底革命性，体现了马克思主义的世界观和首创精神，体现了共产主义的理想、信念和高尚的道德情操。

一、井冈山精神的必然产生

井冈山精神产生于20世纪20年代的后期，它的形成不是偶然的。半殖民地半封建社会的特定历史条件、井冈山独特的自然环境、中华民族的优秀文化传统、中国共产党人艰苦卓绝的斗争等都为井冈山精神的形成准备了条件。

（一）井冈山精神产生的时代背景

井冈山精神是在十月革命后战争与革命成为时代主题的大背景下形成的。"革命是历史的火车头"，马克思曾这样热情地讴歌过人类发展中的革命时代。列宁在《打着别人的旗帜》一文中指出："我们是生活在两个时代的交叉点，而且只有首先分析了从一个时代转变到另一个时代的客观条件，才能够了解我们面前发生的极其重大的历史条件。"毛泽东在《中国革命和中国共产党》中分析了近代中国社会的基本矛盾，即帝国主义与中华民族的矛盾，封建主义与人民大众的矛盾。为了解决这两大矛盾，必须有一个反帝反封建的革命，这样的革命，必须有一个坚强的领导者。历史证明，中国的农民和民族资产阶级都不可能领导中国反帝反封建的民主革命取得胜利，领导中国革命的责任历史地落到新兴的中国无产阶级肩上,中国共产党就是在这样的情况下产生发展并壮大起来的。在井冈山斗争时期,正值战争与革命的时代,以毛泽东为代表的共产党人顺应历史潮流,在深刻分析近代中国国情的基础上,围绕着"中国进行什么样的革命,怎样夺取中国革命的胜利"这一主题,第一次初步系统回答了包括革命的对象、动力、领导权、道路、步骤、前途等有关中国革命的一系列基本问题,为夺取中国革命的胜利指明了方向。

井冈山的斗争,自始至终都是"在白色势力的四面包围中"进行的。敌我力量之悬殊,阶级对峙之尖锐,武装斗争之激烈、残酷,经济形势之恶劣,物质必需品之匮乏,在中国革命历史上实属罕见。正是中国革命的空前低落和井冈山斗争的艰苦卓绝,造就了党和红军重振旗鼓、加钢淬火、锤炼砥砺的契机和场所,奠定了井冈山精神诞生的基础。1927年,轰轰烈烈的大革命失败后,中国共产党所领导的人民革命进入最艰苦的斗争年代。蒋介石和汪精卫相继背叛革命,勾结帝国主义,实行"清党"、"反共",残酷屠杀共产党人和革命群众,全国城乡一片白色恐怖。南昌起义、秋收起义、广州起义等武装起义都遭到严重挫折。反革命势力已经大大超过党所领导的有组织的革命势力,全国范围的革命高潮已经过去,革命转入低潮。然而革命的火种并没有熄灭,全党都在为挽救革命,寻找中国革命新道路而进行艰苦的斗争、艰难的探索,都在为推动中国革命走向胜利而浴血奋战。中心城市是反革命力量最集中、最强大,对革命防范最严密的地方。极其广阔的农村地区则是反革命统治薄弱之地。以毛泽东为代表的中国共产党人率领革命军队到井冈山进行挽救中国革命的斗争,在井冈山的斗争实践中,大革命失败的腥风血雨、全国革命的低潮,激励着幼年中国共产党的抗争意识;白色恐怖的四面包围,政治上的孤立无援,军事进攻的步步紧逼和经济封锁的日甚一日,考验着共产党人的崇高信仰;衣不得暖、食不得饱的艰难困境,激发出红军将士一往无前的奋斗意志。井冈山精神就是在这一特殊的时代背景和历史氛围中孕育、诞生的。

(二)井冈山精神产生的地理环境

井冈山根据地特殊的地理环境在井冈山精神的孕育形成中起着重要的作用。井冈山斗争时期,党和红军不仅要与穷凶极恶的敌人进行殊死搏战,承受着四围白色恐怖的巨大压力,而且还要与极其恶劣的自然环境作斗争,以求得自身的生存、发展。井冈山特定地理环境对井冈山精神诞生的影响主要表现为恶劣的自然环境对共产党人意志品性、革命乐观主义精神的磨炼。

井冈山自然环境恶劣,高山和丘陵占全境总面积的85%。连绵不尽的群山和崎岖蜿蜒的小道,率先向红军指战员发起了挑战,检验着每一个共产党员和红军战士的信仰、气概和毅力。红军的作战、行军、发动群众、建党建政、休养生息都是在崎岖的山区中开展的。毛泽东曾有穿草鞋磨烂脚的经历,朱德饱尝虱子长满全身的苦楚,黄埔军校毕业、参加过北伐的陈毅安感慨天天跑路、天天战斗的烦恼。然而,经过一年多的战斗、工作、生活,红军战士们赢得了挑战的胜利,战胜了崇山峻岭带来的无数艰难险阻,磨炼出钢铁般的意志。"打仗能爬山,由衷热爱井冈山"、"红米饭、南瓜汤、秋茄子、味好香,餐餐吃得精打光"的豪迈歌谣,便是他们克难奋进、自强不息、乐观向上的最好体现。

井冈山恶劣的自然环境也可以通过当年亲历过的共产党人的回忆来得到见证。战士朱良才曾讲:"井冈山的冬天非常寒冷,可我们都还穿着单衣。就拿我来说,因为连续战斗,不论风里雨里,白天黑夜,起来一身,睡下一铺,早已不像样,要补又找不到布,只得挖东墙补西墙——撕了裤腿补裤裆,撕来撕去,结果把一条长裤撕成了短裤。为了时刻准备粉碎敌人的可能进攻,部队冒着严寒加紧训练,天一黑,屋子里就生起火来,大家围着火上课或开会。会后,就在火旁铺起稻草,有秩序地睡下。天亮就起'床',到野外跑步、刺枪、劈刀、刺长矛等,身上冒出汗来,把一夜的寒气都赶跑了。在工事里的同志们,就不停地挥动铁镐,这样既加强了工事,又可以不冷。"① 红军女宣传员彭儒的叙述,更令人钦佩。"为了在睡觉时抵御严冬的寒气,大家便弄些稻草在地上铺上厚厚的一层,有的同志把稻草装在夹被里,叫'金丝被'。同志们唱着:'干稻草来软又黄,金丝被儿盖身上,哪怕北风和大雪,暖暖和和入梦乡。'天气实在冷得厉害,盖上'金丝被'也无法睡得着,就在屋子中间生上一堆火,大家围火而眠。这种艰苦生活,毛党代表、朱军长和我们一样受冻。我们看到毛党代表经常围一床夹被,用一根带子做成斗篷式的围在身上取暖,度过严寒的冬天。"② 井冈山斗争时期的艰苦状况难以想象,但正是如此艰苦的自然环境孕育了伟大的井冈山精神。

---

① 朱良才:《红军的连队生活》,《井冈山革命根据地》(下),第436页。
② 彭儒:《从湘南到井冈山》,《井冈山革命根据地》(下),第357页。

（三）井冈山精神产生的人文因素

井冈山精神是中国共产党在创建井冈山革命根据地的长期奋斗中形成的。考察井冈山精神的形成因素，不能忽视在井冈山进行艰苦奋斗的群体的阶级属性、民族属性等人文因素。可以这样说，井冈山精神既脱胎于中华民族优秀传统的母体，又集中凝聚和充分展现了共产党人的崇高品质。

中华民族是一个有着光荣传统的民族，在几千年的历史发展中形成了自己伟大的民族精神。毛泽东曾讲："中华民族不但以刻苦耐劳著称于世，同时又是酷爱自由、富于革命传统的民族。"① 江泽民也讲："在我国漫长的历史中，各族人民在建设伟大祖国和美好家园、抵御外来侵略和克服艰难险阻的奋斗中，不断培育和发展着中华民族的民族精神。中华民族的精神，最突出的就是团结统一、独立自主、爱好和平、自强不息的精神。"② 他同时也强调："这个民族精神，是中华民族五千多年来生生不息、发展壮大的强大精神动力，也是中国人民在未来岁月里薪火相传、继往开来的强大精神动力。"③ 正是有这样的民族精神，我们的民族才屡经曲折磨难，甚至几临倾覆的厄运，然而却一次又一次衰而复兴，蹶而复振，转危为安，巍然屹立于世界民族之林。历史是一脉相承、延续发展的，传统也具有继承性和沿袭性。中华民族的优良传统滋润、哺育了井冈山精神，井冈山精神脱胎于民族传统的母体，吮吸着民族传统博大精深、永不枯竭的乳汁。中华民族的优良传统，哺育了一代又一代中华儿女。而地处罗霄山脉中段的湘赣边界的人民，由于长期受经济社会环境的影响，刻苦耐劳、忠厚朴实、乐观豁达的品性，显得尤为突出。边界地处偏僻山区，经济落后，人民吃苦耐劳、淳朴忠厚的传统或秉性随处可见，但他们并非任人宰割、逆来顺受的"羔羊"，而是具有反抗精神的群体，这些在井冈山精神的形成中都得到了继承和体现，对井冈山精神的形成有重要作用。井冈山精神作为民族传统文化的结晶和民族精神的升华，不仅是时代的烙印，而且有与之相对应的极深厚的文化传统、社会心理基础。井冈山精神没有离开也不可能离开中华民族的文明史和近现代发展史的轨迹，而是继往开来、承前启后的民族魂。

井冈山精神作为共产党人奋斗的产物，不仅汲取了传统的精华，而且更多

---

① 《毛泽东选集》第2卷，人民出版社1991年版，第623页。
② 《江泽民论有中国特色社会主义》（专题摘编），中央文献出版社2002年版，第399页。
③ 《江泽民论有中国特色社会主义》（专题摘编），中央文献出版社2002年版，第399~400页。

地凝聚、体现着共产党人的崇高品质和伟大精神。共产党人的品质，首先表现在信仰的坚定性上。中国共产党从她诞生那一天起，就向全世界表明自身是工人阶级的政党，是为无产阶级大众谋利益的政党，党的基本任务就是要领导无产阶级进行革命斗争，实行无产阶级专政，消灭私有制，最终实现共产主义。在井冈山斗争时期，共产党人不管环境多么艰苦险恶，不管形势多么复杂多变，他们都不曾动摇过对共产主义的坚定信念。共产党人的品质，还表现在奋斗的彻底性上。为了崇高的共产主义事业，为了党和人民的利益，每个共产党人都毫不犹豫地献出自己的一切，直至牺牲生命也在所不惜。尤其是以党的领导人为代表的共产党人，以伟大的人格力量、身先士卒的不朽风范、执著的理想信念感召、鼓舞、激励着井冈山军民艰苦奋斗、奋勇向前。

（四）井冈山精神产生的理论与实践基础

一种精神的产生不是凭空的，而是在一定理论指导下，在特定实践的基础上形成的。井冈山精神是中国共产党人在共产主义理想和中国红色政权产生、存在、发展的理论的指引下，在艰苦的革命实践中精心培育而成的。

共产主义理想是中国共产党人的精神支撑。在井冈山的斗争中，共产党人凭着对共产主义理想的坚定信仰和执著追求，开辟了井冈山革命根据地，开创了中国共产党革命事业的伟大征程。当然，支撑共产党人和红军的不仅有共产主义理想，还有中国政权产生、存在、发展的理论。它是当时党和红军最为直接、最为明确的指导思想，也是当时军民坚信革命一定能够胜利的力量源泉。在井冈山斗争时期，"红旗到底打得多久"的问题，是当时关系着中国革命胜利的最根本问题。以毛泽东为代表的中国共产党人创造性地把马克思主义运用于中国革命的具体实践，并以井冈山斗争为开端，开创了中国第一个农村革命根据地，建立了第一支中国工农红军，探索出了一条农村包围城市、武装夺取政权的革命道路，从而找到了适合中国国情的具有中国特色的新民主主义革命道路。毛泽东撰写了《中国的红色政权为什么能够存在》、《井冈山的斗争》、《星星之火，可以燎原》以及《反对本本主义》等光辉著作，科学回答了红旗能打多久、中国革命向何处去的问题，解决了这个困扰井冈山斗争以至于中国革命极其重大、极其复杂的理论问题，明确了井冈山斗争的方向，展示了"以农村包围城市，最后夺取全国胜利"的光辉前景，坚定了革命事业必胜的信心，鼓舞、激励了党和红军百折不挠、无坚不摧的斗志，为井冈山的斗争以至中国革命胜利奠定了科学的理论基础，也为井冈山精神的形成提供了理论基础。井冈山的斗争,就是在这一伟大理论指导下进行的。作为井冈山斗争产物的井冈山精神,无疑也是这一伟大理论的结晶。

实践是认识的基础和前提,革命实践是革命理论的源泉。井冈山精神是中国共产党逐步发展、完善并领导中国人民革命实践的产物。毛泽东在《实践论》中指出:"马克思、恩格斯、列宁、斯大林之所以能够作出他们的理论,除了他们的天才条件之外,主要地是他们亲自参加了当时的阶级斗争和科学实践的实践。没有这后一条件,任何天才也是不能成功的。"① 井冈山斗争前后,党经历了三次"左"倾错误,付出了惨重的代价。毛泽东提出了"没有调查,就没有发言权"的著名论断,得出了"中国革命斗争的胜利要靠中国同志了解中国情况"的重要结论。如果没有土地革命战争时期毛泽东和其他老一辈无产阶级革命家领导"工农武装割据"的实践,就不可能产生适合中国革命特点的革命道路理论,也不可能有老一辈无产阶级革命家和无数英烈用鲜血与生命培育的井冈山精神。

二、井冈山精神的科学内涵

井冈山精神是以毛泽东等老一辈无产阶级革命家为代表的中国共产党人,于 20 世纪 20 年代后期中国革命处于低潮时期在井冈山坚苦卓绝的革命斗争中培育和形成的闪耀着共产主义光芒的革命精神。它同任何革命精神一样,都是民族精神在特定时代精神的传承与弘扬,源远流长,博大精深,内涵丰富。江泽民曾将井冈山精神内涵概括为 24 个字:坚定信念、艰苦奋斗、实事求是、敢闯新路、依靠群众、勇于胜利。② 依据这一重要论述,我们认为,井冈山精神的科学内涵主要包括以下内容。

(一)坚定不移的理想信念

1927 年,伴随着蒋介石、汪精卫先后发动"四一二"和"七一五"反革命政变之后,共产党人和革命群众遭到血腥镇压,第一次大革命遭到惨重失败,白色恐怖笼罩全国。面对黑暗时势,中国共产党人靠坚定不移、忠贞不渝的革命理想信念点燃井冈山的星星之火。

众所周知,井冈山的斗争是在敌我力量对比非常悬殊,处于白色势力四面包围之中进行的。在险恶的环境中,是什么力量支撑着根据地军民同敌人作斗

---

① 《毛泽东选集》第 1 卷,人民出版社 1991 年版,第 287 页。
② 《人民日报》,2001 年 6 月 4 日,第 1 版。

争？是共产主义的理想和革命必胜的信念。边界党组织十分注重对军民们进行共产主义世界观教育，用通俗易懂的语言说明"什么是共产主义"、"怎样才能实现共产主义"等道理，从而使根据地军民坚定了为工农阶级利益而战的决心，始终不屈不挠，英勇奋斗。在共同理想与信念的鼓舞下，奋斗在井冈山的共产党人和革命群众尽管物质生活极度贫乏，仍然充满高昂的革命乐观主义精神。"不生虱子不革命"，"野菜虽苦，可是政治营养丰富，吃了它，干革命就不怕苦"。以苦为乐，以苦为荣，表现出革命者忘我的牺牲精神。在共同理想与信念的激励下，井冈山成了一所锤炼革命者的大熔炉。许多同志文化水平虽然不高，有的甚至没有读过书，可他们理想远大，信念坚定，互相学习，彼此感染，用青春和生命谱写着壮丽的诗篇，高奏着理想信念的凯歌。在反"围剿"中，八面山哨口二百多名红军战士全部战死在阵地上。小井村一百多名来不及转移的红军重伤病员，面对敌人的枪口，高呼"红军万岁"被敌人集体屠杀，鲜血染红了稻田的土地。为了胜利，在龙源口战斗中，共产党员马奕富紧急时刻用胸膛堵住敌人的枪眼；三营长肖劲带着敢死队火线负重伤，肠子流出肚外，他用绑腿扎紧继续率部冲锋而壮烈牺牲。红军参谋长王尔琢为了保存红军力量，不顾个人安危，在崇义县思顺街追回了被叛徒胁骗的炮兵连和步兵连，自己却不幸被叛徒杀害。莲花县委书记刘仁堪被捕后坚贞不屈，在刑场上还向广大群众宣传革命的道理，凶残的敌人割掉他的舌头，剁断他的脚趾，他仍然不放弃理想，用鲜血在地上写下了"中国共产党万岁"、"革命成功万岁" 13个大字，表现了共产党人为实现共产主义视死如归的高尚品德。

　　井冈山军民之所以一往无前，义无反顾，因为他们心中有坚定的理想信念，坚信黑暗即将过去，光明就在眼前，革命的星星之火，一定会成为燎原之势。在三湾改编时，毛泽东就曾向部队指出，这次秋收暴动打了几个败仗，这算不了什么，万事开头难，要革命嘛，就不要怕困难！贺龙两把菜刀起家，现在做了军长，带了一军人，我们现在有两营人，还怕干不起来吗？没有挫折和失败就不会有成功！毛泽东的讲话扭转了部队中由于战斗失利和艰苦生活而产生的悲观失望情绪，极大地鼓舞了指战员的斗志。在毛泽东的带领下，整编后的部队以坚定的步伐开始了向井冈山的伟大进军。在共同理想与信念的召唤下，"人口不满两千，产谷不满万担"的井冈山一时期汇聚了各路革命志士，袁文才、王佐的地方武装改旗易帜，朱德、陈毅率领南昌起义余部艰苦转战井冈山，彭德怀、滕代远率领红五军也相继来到井冈山，形成了强大的革命洪流。邓小平后来曾指出："对马克思主义的信仰，是中国革命胜利的一种精神动力。"①"我们过去几十年艰苦奋斗,就是靠用坚定的信念把人们团结起来,为人民自己的利益而奋斗。没有这样的信念,就没有凝集力。没有这样的信念,就没有一切。"②井冈山斗争的历史证明,没有坚定的共产主义理想和始终不渝的革命信念,就没有井冈山革命道路的开辟。坚定的理想、崇高的信念是井冈山精神内涵的根本所在。

(二)求实创新的探索精神

中国革命道路问题是关系到中国革命成败的关键问题。在中国这样一个政治经济发展极不平衡的半殖民半封建的落后大国,革命的道路应该怎么走?这在马克思、列宁的著作里找不到现成的答案。中国共产党在井冈山时期对革命道路的探索,充分体现了中国共产党人求实创新的探索精神,这也是井冈山精神的重要内容。

在"八七"会议召开以前,我们党一直是照搬俄国十月革命的模式,把工作重点放在城市,通过中心城市的总暴动,达到夺取全国政权的战略目的。"八七"会议后,党虽然确定了武装反抗国民党反动派和开展土地革命的总方针,但仍然把武装起义的着眼点放在城市。在南昌起义、秋收起义、广州起义都失利后,中国革命到底该怎么走的问题严峻地摆在中国共产党人的面前。面对中国革命的窘境,党内不少人对十月革命成功的经验奉若神明,满腔热血却缺乏理智,照搬马列主义却无视中国实际。以毛泽东为代表的共产党人发扬实事求是、敢闯新路的精神,进行了成功的探索。

湘赣边界的秋收起义进攻的目标是中心城市长沙,在起义部队一再失利并面临全军覆灭的危及情况下,毛泽东针对一些人"不顾主客观条件,犯着革命的急性病,不愿意艰苦地做细小严密的群众工作,只想大干,充满幻想"③的情况,冷静地分析了当时的形势,提出放弃攻打城市,向罗霄山脉中段的广大农村转移,去农村开展游击战争的正确意见。当时有许多人包括一些领导都想不通,认为钻山沟不算革命,山沟里面出不了马列,是右倾逃跑主义等等。不久在两个月后的中央临时政治局扩大会议上,毛泽东被党内"左"倾领导者撤消了中央临时政治局候补委员、湖南省委委员的职务。批评毛泽东率领部队举行秋收起义后不去攻打长沙,而把队伍拉上井冈山,是"在政治上犯了

---

① 《邓小平文选》第3卷,人民出版社1993年版,第62页。
② 《邓小平文选》第3卷,人民出版社1993年版,第190页。
③ 《毛泽东选集》第1卷,人民出版社1991年版,第85页。

严重错误"。在曲折和逆境面前，毛泽东不灰心，不气馁，以革命事业为重，坚持从中国的国情出发，实事求是地分析国内外形势，下决心在井冈山建立了第一个农村革命根据地，开展了"工农武装割据"，制定出军队建设、党的建设、政权建设、土地革命等一系列方针政策，在实践中开始摸索一条以农村包围城市，武装夺取政权的有中国特色的革命道路。这条道路代表了1927年大革命失败后中国革命的发展方向，成功地实现了党的工作重点由城市到农村的转移。这是毛泽东等老一辈革命家坚持实事求是，一切从实际出发，勇于开拓进取的成功范例，在国际共产主义运动中也是一个伟大的创举。

在井冈山时期，毛泽东以非凡的智慧，及时总结了井冈山以及其他地区的经验教训，进行了艰苦的理论研究，先后写了《中国红色政权为什么能够存在》、《井冈山的斗争》、《星星之火，可以燎原》、《反对本本主义》以及《宁冈调查》、《永新调查》，指出了根据地存在和发展的依据：第一，要有很好的群众；第二，第有很好的党；第三，要有相当力量的红军；第四，要有便于作战的地势；第五，要有足够给养的经济力。并据此提出我们的政策是："坚决地和敌人作斗争，造成罗霄山脉中段政权，反对逃跑主义；深入割据地区的土地革命；军队的党帮助地方党的发展，军队的武装帮助地方武装的发展；对统治势力比较强大的湖南取守势，对统治力量比较薄弱的江西取攻势；用大力经营永新、创造群众的割据，布置长期斗争；集中红军相机迎击当前之敌，反对分兵，避免被敌人各个击破；割据地区的扩大采取波浪式的推进政策，反对冒进的政策。"① 毛泽东带领中国共产党人实事求是，敢闯新路，开辟了中国新民主主义革命的新道路，形成了农村包围城市，武装夺取政权的革命道路理论，发展了马克思主义的革命学说，这都鲜明地体现了共产党人求实创新的探索精神。

（三）植根群众的工作作风

以毛泽东为代表的中国共产党人及其领导下的红军，在井冈山之所以能站稳脚跟，之所以受到人民群众的衷心拥护和爱戴，重要的一点就是因为他们始终和人民群众打成一片，和人民群众结下了鱼水之情。毛泽东在总结井冈山斗争经验时曾写到：群众的拥护和支持是红色政权发生和存在的重要原因之一，实行工农武装割据的一个基本条件就是要有很好的群众基础。密切联系群众，始终把群众利益放在第一位，坚定走群众路线，是井冈山精神形成的力量源泉

---

① 《毛泽东选集》第1卷，人民出版社1991年版，第59页。

和核心内容。

密切联系群众的工作作风贯穿于井冈山时期的一切革命斗争之中,如1927年底,针对工农兵革命军只重视打仗,忽视开展群众工作的倾向,毛泽东提出了工农兵革命军三大任务,即打仗消灭敌人;打土豪筹款子;宣传群众,组织群众,武装群众,帮助群众建立革命政权。后来,工农兵革命军每到一地,深入群众,通过访贫问苦、召开群众大会等形式,及时了解群众的意见和要求,帮助群众解决一些实际问题。边界农民几千年来遭受封建地主的压迫和剥削,大部分土地被地主豪绅控制,广大的贫苦农民迫切需要土地。1928年3、4月间,毛泽东率领工农兵革命军在鄜县的中村和桂东的沙田,开展了插牌分田。随后,边界党和政府发动农民群众,进行土地分配,解决了农民的最大痛苦。这一运动,得到边界广大农民的衷心拥护和全力支持。为了保证在决策上密切联系群众,反映人民群众的利益,毛泽东深入群众开展调查研究。上井冈山之初,他身背斗笠,脚穿草鞋,走遍了整个罗霄山脉,对井冈山地区的政治、经济、军事等情况进行了详细而周密的社会调查,先后写出了《永新调查》、《宁冈调查》,使党组织和工农兵政府制定的方针政策能符合广大群众的利益,得到他们的支持和拥护。

在井冈山时期,中国共产党人不仅密切联系群众,还十分重视维护群众利益,和群众打成一片。红军在军民关系上有严明的纪律,即使战斗频繁,对老百姓仍然秋毫不犯,"三大纪律六项注意"就是红军严明纪律的突出表现。三大纪律:第一,行动听指挥;第二,不拿群众一针一线;第三,打土豪要归公。六项注意:上门板、捆稻草、说话和气,买卖公平,借东西要还,损坏东西要赔。后来又提出"洗澡要避女人",不准买卖婚姻——"讨老婆不要钱",不能虐待俘虏。有一首"劝白军士兵投降歌"唱道:"白军士兵们,你们要听清,红军都是子弟兵,官长士兵一个样,吃喝穿戴都平等。战士如兄弟,官长如父兄,不打不骂同甘苦,团结奋斗干革命"。此外,党和红军还特别注意尊重群众,虚心向群众学习。比如向群众学习熬土盐土硝,利用中草药治病,游击战中学打圈圈,战斗中学用竹钉子、滚木、"松树炮"、陷阱等。人民群众的创造发明为根据地渡过难关起了重要作用。

正是坚定地走群众路线,红军才赢得了人民的信赖和帮助,人民群众才坚决拥护共产党的领导,积极支援红军。1928年7月,红军31团在数万农民的支援下,以一个团的力量把敌军十一个团围困在永新城周围达25天之久,有力地粉碎了敌人的"围剿"父送子、妻送郎当红军的动人场面到处可见。军民团结造就了井冈山根据地的"森严壁垒、众志成城",即使"敌军围困万千重,我自岿然不动"。坚定走群众路线是井冈山精神熠熠生辉的生命力之所在,也是我党的优良传统和作风。邓小平后来说:"为什么过去很困难的局面我们都能渡过根本的问题是我们的干部、党员同人民群众一块苦。"① 深深扎根于人民群众之中,一刻也不脱离群众,这就是井冈山斗争给我们的启示,也是井冈山精神的内容之一。

(四)艰苦奋斗的拼搏精神

井冈山斗争时期,井冈山根据地既面临国民党军队军事上"围剿",也面临经济上的严密封锁,井冈山的革命斗争是在艰难困苦中进行的。为了解决红军的给养,安定群众的生活,巩固红色政权,边界党组织领导根据地军民自力更生,艰苦奋斗,培育了艰苦奋斗的革命精神。

由于根据地受敌人包围封锁,生活极端困难,军民日用必需品和现金的缺乏,成为极大的问题。"每天每人只有五分大洋的油盐菜钱,还是难乎为继。"② 难能可贵的是,井冈山根据地军民在毛泽东为首的党的领导下,不畏困难,以苦为荣,以非凡的智慧和毅力,想尽一切办法大搞生产自救,用自己的双手解决困难。生活上,毛泽东、朱德严格要求自己,吃住不搞特殊化,亲自带头下山挑粮,"朱德的扁担"被传为佳话。当年根据地内食盐奇缺,布匹、药品几乎断绝。为了解决食盐缺乏的困难,党和政府发动军民用房屋等老墙上的土取下来熬硝盐,以代替食盐。红军医院设备简陋,药材缺乏,医护人员就自己上山砍竹子,自制了竹镊子、竹软膏刀、竹药筒等,还上山采集中草药,学习民间验方,自己动手配制中药,用来治疗伤病员。为打破敌人的经济封锁,井冈山还建立了红色圩场,开展红区和白区的经济贸易,许多人借此机会冒着生命危险把根据地急需的食盐、药品、棉花和经费等运进山来。井冈山军民的生活非常艰苦,当时在红军中流传着一首歌谣:"红米饭、南瓜汤,秋茄子、味好香,餐餐吃得精打光。干稻草,软又黄,金丝被儿盖身上,不怕北风和大雪,暖暖和和入梦乡。"这既是当时红军生活的真实写照,又反映了他们的革命乐观精神。正因为有这种艰苦奋斗的精神,井冈山军民才不为任何艰难困苦所吓倒。井冈山根据地正是在艰苦奋斗、自力更生的自觉精神鼓舞下,才得以巩固和发展起来。

---

① 《邓小平文选》第 2 卷,人民出版社 1994 年版,第 189 页。
② 《毛泽东选集》第 1 卷,人民出版社 1991 年版,第 65 页。

初始形态：井冈山精神

上述几个方面仅仅体现了井冈山革命精神的主要方面，并非井冈山精神博大精深内容的全部。在当代条件下把握井冈山精神，务必要把握井冈山精神所蕴涵的共产党人对共产主义理想的执著追求，把握马列主义普遍原理与中国革命具体实际相结合的科学态度，依靠群众，始终与群众同甘共苦，保持密切联系群众的优良作风以及不怕困难，自力更生，艰苦奋斗的坚韧意志等等，这些内容永远闪耀着夺目的光辉，永远激励着我们奋发向前，推动革命和建设事业不断前进。这种精神集中体现了共产主义的理想、信念、道德和情操，是中国人民的精神魂宝。

三、井冈山精神的历史价值

井冈山精神产生至今已经过去 70 多年了。我们现在已走进建设全面小康社会的历史新时期，国内国际环境、历史任务、经济生活等等都发生了巨大的变化。在这种情况下，井冈山精神依然有其重要价值。

（一）井冈山革命精神的重要意义

井冈山精神所蕴涵的马克思主义真理，所体现的艰苦奋斗、密切联系群众的崇高精神，对于我们社会主义经济建设、政治建设、文化建设、社会建设和执政党的建设都有重要意义。

1. 有助于推进社会主义道德建设

在井冈山革命斗争年代，党和工农红军在长期艰苦的环境下，培育了为人民服务的思想和集体主义精神。井冈山革命根据地初创时期，条件极其艰苦，除了受到强大的军事压力外，还有严重的经济挑战，但井冈山军民却奋勇拼搏，吃苦在前，享乐在后，冲锋在前，退却在后。为了群众的利益、革命的需要，他们奉献出了自己的青春以至宝贵的生命。以毛泽东、朱德为代表的领导人更是以身作则，与群众同甘共苦。官兵一致，军民一家，亲密无间的干群关系、军民关系，强大的集体主义精神，筑成了一道坚不可摧的钢铁长城。我们党正是用为人民服务和集体主义精神作为自己的道德支撑和行为准则，才能够走过这么多的风风雨雨，才赢得广大人民的拥护和爱戴。

在社会主义市场经济体制日益完善的今天，有人认为在市场经济竞争条件下受利益驱动，理性"经济人"应该以自己利益为重才符合利润最大化原则，再也不需要集体主义了，甚至有人把这一市场经济原则错误地运用到其他领域，如政治、文化和人际交往等；也有人认为在经济发展迅猛和生活水平不断提高的今天，再也不要谈节俭的美德了。其实，我们应该看到我国的经济水平和发达国家还有很大的差距，我国人民的生活水平总体来说不高；我们也更应该看到我国是社会主义国家，与资本主义国家在经济基础、价值观念等方面不同。即使在市场经济方面，我国与资本主义的市场经济也有很大的不同。因此我们必须坚持与社会主义公有制相一致的集体主义价值原则和道德观念，大力提倡关心国家、集体和他人的精神，提倡公而忘私、时刻为人民谋利益的高尚品格。这是我国目前在道德领域的先进性。同时我们也要倡导道德领域的广泛性，如爱岗敬业、诚实守信、勤俭持家和团结邻里等等美德。继承和弘扬井冈山精神不是一句空口号，无论时代如何变迁，经济怎么发达，井冈山精神永远不会过时，我们要坚持的道德观不能丢弃。

在思想道德建设中发扬井冈山精神，决不是让大家形式地模仿过去的一些具体做法，让井冈山军民的实践活动简单地重复出现。以艰苦奋斗来说，今天提倡艰苦奋斗，决不是号召大家重新过那种吃红米饭、喝南瓜汤的清贫生活，而是要求亿万人民群众在社会主义建设中发扬艰苦奋斗、自强不息的精神，艰苦奋斗、居安思危、求真务实、开拓创新，在现代化建设中始终保持井冈山时期那一股精神。

2. 有助于开创社会主义经济建设新局面

弘扬井冈山精神，坚持开拓创新、实事求是，对开创经济建设新局面和深化改革开放有重要意义。

首先，开创社会主义经济建设新局面需要实事求是的精神。在井冈山斗争时期，毛泽东正是用实事求是的指导思想，正确地处理了和王佐、袁文才当地武装力量的关系；也正是靠实事求是的思想武器，才取得了四次反"围剿"的伟大胜利。井冈山革命根据地的建立、巩固和发展是靠实事求是，而也正是后来以王明为代表的"左"倾冒险主义违背实事求是的精神，才遭受了第五次反"围剿"的失败，导致井冈山革命根据地的失守。后来的革命实践都说明了实事求是对中国革命取得伟大胜利的重要意义。同样，实事求是对我国社会主义经济建设也非常重要，只有实事求是地按照中国国情来进行经济建设，才可能成功；只有实事求是地按照变化了的客观实际来制定经济方针和经济政策，才可能应对经济建设中出现的各种问题。党的十一届三中全会以来，邓小平反复强调必须尊重客观经济规律，经济工作要按经济规律办事。这是他深刻总结我国社会主义建设经验教训得出的重要结论。我国过去不是不想发展经济,而是方法不对头,搞"大跃进"、人民公社,违背了客观的经济规律,损失很大,效果很差。尊重经济规律是保证我国经济持续、快速、健康发展的重要条件。现在,我国经济建设到了结构调整的新时期,要实现经济的持续、快速、健康发展,必须处理经济中的深层次矛盾。这就要求我们在实践中实事求是地分析经济建设中存在的问题,客观地判断存在问题的原因,准确地找到解决问题的途径。

其次,开创社会主义经济建设新局面需要开拓创新的精神。1978年后,我国经济建设的蓬勃发展是与市场经济理论的提出分不开的。改革开放以前,市场经济一直在我国被视作洪水猛兽,而今,社会主义市场经济理论已为人们所接受,社会主义市场经济体制在中国已经建立起来了。这一伟大成果是开拓创新精神的产物,是在波澜壮阔的改革开放的实践中,在不断解放思想、不断突破传统观念的禁锢中逐步形成和发展起来的。1979年冬天,邓小平在会见美国不列颠百科全书编委会副主席吉布尼和加拿大客人林光达时讲:"说市场经济只存在于资本主义,只有资本主义的市场经济,这肯定是不正确的。社会主义为什么不可以搞市场经济?这个不能说是资本主义。"① 当时社会主义在苏联和东欧蒸蒸日上,国内也刚刚把全党全国工作重心转移到经济建设上来,现代化建设刚刚拉开序幕。在这样的背景下,邓小平说出这样的话无疑需要巨大的政治勇气和理论勇气。然而,这个九鼎之言第一次把市场经济同社会主义联系起来,开创了社会主义经济建设的新局面。在此之前,共产主义运动史上没有哪个马克思主义经典作家在理论上把市场经济与社会主义联系在一起。邓小平自1979年以来直到1997年,围绕社会主义经济建设提出了许多新思想、新理论,为建设有中国特色社会主义作出了巨大的贡献。市场经济理论的探索,需要开拓创新精神;在实践中建立社会主义市场经济体制,同样离不开开拓创新。在建立社会主义市场经济体制过程中,不仅要对原有的计划体制予以否定,而且会引起利益的重大调整,势必会受到阻挠。显而易见,这是一个十分艰难的过程,必须付出一定的努力,必须要有开拓创新的气概。

井冈山斗争时期,在党的领导下,井冈山军民开拓创新、敢于冒险的精神发挥得淋漓尽致。这种精神既是一种价值取向,更是一个精神状态问题,体现的是不满现状、不因循守旧、不故步自封、敢为天下先的人生态度。中国特色社会主义道路是一条崭新的路,也是一条伟大的路,既要循序渐进,更要敢闯

---

① 《邓小平年谱》1975~1997(上),中央文献出版社2004年版,第580~581页。

敢冒险。

3. 有助于推动社会主义民主政治建设

发展社会主义民主,健全社会主义法制,是现代化事业的重要组成部分,是建设中国特色社会主义的一项根本任务。党的十六大报告提出了要建设社会主义政治文明,更加突出了中国共产党把发展社会主义民主政治作为始终不渝的奋斗目标和决心。早在革命年代党就积累了关于民主管理、民主制度、基层民主等方面的丰富经验。井冈山革命斗争时期,政治民主、军事民主和经济民主等方面许多有益做法都值得我们借鉴。当时,在政府管理方面,各级工农兵政府由代表大会选举产生,而且直接接受它们的监督,行使它们赋予的权力,广大人民群众有充分参政议政的权力,有充分发表自己的意见、选举自己信任者的自由。在红四军内部,制定了各项民主制度,还建立了各级士兵委员会的组织。士兵委员会由士兵选举产生,维护士兵的权益,尊重士兵的意愿,代表士兵的利益,为维护部队内的广泛民主作出了巨大的贡献。在军事方面,部队在战斗前、战斗后,都认真听取士兵群众的意见,充分集中士兵群众的智慧,充分发挥士兵群众的积极性。在党内,也充分发扬民主,实行集中指导下的民主。所有这些,构成了井冈山根据地内民主政治的重要内容。

我国是人民民主专政的社会主义国家,宪法明确规定,中华人民共和国的权力属于人民。要让人民真正掌握权力,不完善基层民主制度,扩大基层民主只能是句空话。基层是人民当家做主最基本的单位,扩大基层民主,可以保证人民直接行使民主权力,实现真正意义上的当家做主。井冈山斗争时期在注重基层人民和普通百姓的参政议政方面给我们树立了良好的榜样。1928年5月2日,中共湘赣边界第一次代表大会在宁冈茅坪召开,大会就政治问题、暴动口号、政纲等等问题作出决议。这些决议都是在广泛听取民众的意见和大会广泛热烈讨论的基础上作出的。在井冈山革命斗争时期,成立了宁冈县工农兵政府、新遂边陲政府、湘赣边界工农兵政府等等红色政权。在这些基层红色政权中,最大的特点就是权力真正掌握在人民手中,其人员组成、决议的作出、活动原则都体现了广大人民群众的意愿和利益。

江泽民在党的十五大报告中指出:"扩大基层民主,保证人民群众直接行使权力,依法管理自己的事情,创造自己的幸福生活,是社会主义民主最广泛的实践。"为了扩大基层民主,必须健全民主选举制度,把群众拥护、能真正代表人民利益的人选进基层政权组织和基层群众性自治组织;为了扩大基层民主,必须推行村务公开制度,不仅重大事务要公开,而且也要定期公示公共财务,让人民群众参与管理,参与监督,这样才能做到权力真正掌握在人民手中。

4. 有助于推进执政党建设

高度重视和不断加强自身建设,是我们党从小到大、由弱到强,从挫折中奋起、在战胜困难中不断成熟的一大法宝。总结党80多年的历史经验,最根本的一条,就是党的建设必须按照党的政治路线来进行,围绕党的中心任务来展开,朝着党的建设总目标来加强,不断提高党的创造力、凝聚力和战斗力。目前,我国处于建设全面小康社会的历史新阶段,加强和改进党的建设尤其重要。1977年7月21日邓小平明确提出:"把列宁的建党学说发展最完备的是毛泽东。毛泽东对于建立一个什么样的党,党的指导思想是什么,党的作风是什么,都有完整的一套。"① 他强调指出,在井冈山时期,即红军创建时期,毛泽东的建党思想就很明确,大家看看红军第九次党代表大会的决议就可以了解。邓小平告诫我们,在新的历史时期要加强党的建设,应该借鉴党在革命年代党建的经验,从井冈山精神中借鉴丰富的党建经验。

井冈山精神启示我们要聚精会神地围绕党的政治路线抓好党的建设。井冈山时期,武装斗争是一切工作的中心。离开了武装斗争,就没有中国共产党的地位,就没有人民的一切。毛泽东、朱德等在进行党的自身建设时,围绕着武装斗争中心,使之服从于、服务于武装斗争这个中心。今天,我们也必须把党的建设和贯彻党的基本路线紧密地结合起来,要像当年毛泽东等老一辈革命家那样围绕党的政治路线来抓党建工作。要围绕"一个中心、两个基本点",确保党的基本路线的贯彻执行,来抓好新时期执政党的建设。否则,党的建设会迷失方向,缺乏内在动力。

井冈山精神也启示我们要把思想建设摆在党的建设的首位。思想是行动的"指挥棒",有什么样的思想就有什么样的行动。一个人的思想有问题,不可能做出有益于人民的事迹来;一个党的思想出了问题,这个党的目标不可能实现,就注定要失败。注重思想建设,是毛泽东建党的一个显著特点,这在井冈山时期就明显体现出来了。1928年11月,毛泽东在写给中央的长篇报告中,强调了井冈山根据地加强党的思想建设的极端重要性。他指出,边界各县的党,几乎完全是农民成分的党,若不给以无产阶级思想的领导,其趋势是会出错误的。毛泽东进一步指出,无产阶级思想领导的问题,是一个非常重要的问

---

① 《邓小平年谱》1975~1997(上),中央文献出版社2004年版,第162页。

题。以毛泽东为领导的根据地党,通过举办党团训练班、给党员上课、印发学习材料、组织讨论等形式,在党员和军队中普遍进行马克思主义和无产阶级思想的教育。同时还注重在实际斗争中提高党员的思想认识。经过理论和实践相结合的教育,有效地提高了广大党员的马克思主义理论水平和无产阶级思想觉悟,增强了党员为共产主义而奋斗的政治责任感。从而为建设一支思想觉悟高、战斗力强的马克思主义政党,为革命事业的成功奠定了思想基础。我们应该始终把思想教育放在突出的位置,加强对广大党员的思想教育,帮助党员坚定共产主义的信念,树立无产阶级的世界观,增强贯彻执行党的基本路线的自觉性,不断提高思想政治素质。

弘扬井冈山精神还启示我们要加强党的基层组织建设。加强党的基层组织建设,是毛泽东等领导人从组织上推进伟大工程的又一成功经验。还在三湾"改编"时,毛泽东就制定了"支部建在连上"的发展军队基层党组织的正确方针,使工农红军的基层组织能够充分发挥战斗堡垒作用。同时,毛泽东等还抽调军队中的党员干部,深入农村建立了一批农村党的支部。正因为有了党的坚实的基层组织,党才能在艰苦而险恶的环境下发挥领导核心的作用。如今,我们党已经是一个拥有6000多万党员的大党,其组织遍布全国的各个角落。尽管党的组织建设取得了巨大成就,但也应该看到,目前,党的基层组织存在一些问题。一是有些基层党组织软弱、涣散,缺乏战斗力。有些基层党员干部脱离群众,没有起到模范作用;二是有些地方和部门不能认真执行民主集中制,党内民主渠道不通;有些地方在选拔干部、培养干部问题上滞后。上述种种问题影响了党的战斗力,影响了党与人民群众的血肉关系,对党的事业构成了潜在的威胁。因此,我们必须弘扬井冈山精神,按照党的十七大精神要求,不断优化党的组织设置,扩大组织覆盖,创新活动方式,充分发挥基层党组织在推动发展、服务群众、凝聚人心、促进和谐中的作用,切实把党建设成符合时代要求的坚强领导核心。

(二) 井冈山精神的当代弘扬

井冈山精神是我们党宝贵的精神财富。在全面建设小康社会,加快推进中国特色社会主义事业的今天,我们要立足于时代发展的大势所趋,从具体工作的实际需要出发对其加以发扬光大,并赋予新的时代性的内容。

1. 弘扬井冈山精神,确立崇高的理想和坚定的信念

在井冈山斗争时期,革命遭到敌人的疯狂破坏,又受到党内错误路线的不

断干扰和种种非无产阶级思想的影响,而且井冈山地区地形地貌复杂,贫苦落后。在这样严酷的斗争条件下,毛泽东带领井冈山军民,克服种种客观困难,排除党内错误路线的干扰,清除"红旗到底打得多久"等悲观论调的影响,脚踏实地开展根据地建设的各项工作,并且充满信心,坚信革命高潮和胜利的必然到来。毛泽东曾形象地指出:"它是站在海岸遥望海中已经看得见桅杆尖头了的一只航船,它是立于高山之巅远看东方已见光芒四射喷薄欲出的一轮红日,它是躁动于母腹中快要成熟了的一个婴儿。"①

经过几十年过去,社会主义新中国屹立在世界的东方;又经过几十年建设,今日之中国已经初步繁荣富强,井冈山军民和无数革命先烈的愿望已经初步实现。但今天我们仍然面临着许多困难,社会主义物质文明和精神文明的建设还任重道远;西方资本主义亡我之心不死,"和平演变"的阴谋还在继续,"台独"、"藏独"等分裂分子野心仍然存在;计划经济体制向市场经济体制转变过程中的阵痛还未消失;民主与法制建设还不够健全和完善,市场经济负面影响所带来的极少数人的价值取向多元化紊乱,物欲横流,腐败现象严重,等等。但是,我们现在面临的困难是前进中的困难,而且同井冈山斗争时期相比,情况要好得多,既没有枪林弹雨的险恶环境,也没有抛头颅洒热血的生命危险。江泽民1989年10月视察江西革命老区时指出:"井冈山革命的星星之火所以能燃遍全国,走向胜利,就在于老一辈无产阶级革命家坚定的共产主义理想和始终不渝的信念。我们今天建设有中国特色社会主义现代化强国也必须具有这种理想和信念。"只要我们紧密团结在党中央周围,以邓小平理论和"三个代表"重要思想为指导,深入贯彻落实科学发展观,继承和弘扬井冈山精神,坚信只有社会主义才能发展中国,团结一致,同心同德,发扬革命英雄气概,我们就一定能够经受各种考验,把中国特色社会主义现代化建设事业不断推向前进。

2. 弘扬井冈山精神,坚持一切从实际出发、实事求是

井冈山革命根据地的建立是以毛泽东为核心的中国共产党人把马克思列宁主义普遍原理与中国革命具体实际相结合的光辉典范,是一切从实际出发,实事求是的党的思想路线的充分体现。"认清中国的国情,乃是认清一切革命问题的基本的根据。"② 中国的基本国情就是中国的最大实际。中国式革命道路

---

① 《毛泽东著作选读》上册,人民出版社1986年版,第47页。
② 《毛泽东著作选读》上册,人民出版社1986年版,第326页。

的开辟,既没有马克思主义教科书中现成的答案,也没有别国革命的实践经验可以借鉴,完全是毛泽东等同志建立在对中国基本国情的充分了解和深刻认识的基础之上的创造。

同样,一切从实际出发,实事求是这一井冈山精神的核心和精髓也是社会主义现代化事业走向胜利的重要法宝。以邓小平为核心的中国共产党人自党的十一届三中全会所开创的社会主义现代化建设道路及其伟大成就雄辩地证明了这一点。20世纪70年代末,一方面是现代世界资本主义正处于相对稳定和持续发展时期。另一方面却是国际共产主义运动处于徘徊当中,苏联模式开始走入死胡同,社会主义各国大都在进行一系列与本国实际相符合的发展社会经济的改革探索。而当时的中国,刚刚从文化大革命十年浩劫中走出来,"左"的错误还没完全纠正,"两个凡是"的错误思想还有一定市场,国民经济濒临崩溃,人民思想混乱困惑,特别是广大人民群众的物质文化生活需要与社会生产力发展缓慢的矛盾日益尖锐和突出,社会主义的优越性得不到充分体现。面对这一困难局面和当时最大的实际,以邓小平为首的中国共产党人,运用马列主义毛泽东思想的一切从实际出发、实事求是的科学原理,以大无畏的英雄气概,大刀阔斧地纠正文化大革命的错误,开展关于"真理标准问题"的讨论,把党的工作重点由"阶级斗争为纲"全面转移到以经济建设为中心的轨道上,确定改革开放和实现四个现代化的基本国策,开创了被称为"中国第二次革命"的社会主义改革开放和现代化建设的伟大事业。无论是从安徽小岗村农民首创的家庭联产承包责任制到席卷全国的农村经济改革,无论是四大经济特区的建设,还是全国全面开放格局的形成,无论是"不管白猫黑猫,抓到老鼠就是好猫"的形象比喻,还是"科学技术是第一生产力"的科学论断,都是一切从实际出发,实事求是原理的具体运用和生动体现,都是井冈山精神在新的历史条件下的最佳继承和发扬。

建设中国特色社会主义是一项伟大的事业,马列主义毛泽东思想教科书中同样没有现成的答案,也没有社会主义各国的实践经验可以借鉴,只有靠我们自己在具体的工作实践中去不断摸索、探讨和总结。在社会主义市场经济体制的完善和现代化建设发展过程中,在迎接知识经济和信息革命浪潮的挑战面前,在深化改革、扩大开放的进程中,我们同样需要弘扬井冈山精神,既要敢于突破、敢于创新、敢想敢干,更要一切从实际出发,实事求是、脚踏实地干好每一项具体工作。

3. 弘扬井冈山精神,勇于开拓、不断创新

初始形态：井冈山精神

自力更生，英勇奋战，百折不挠，艰苦奋斗，是井冈山精神的鲜明体现。井冈山时期，中国共产党创造性地运用马克思主义关于无产阶级暴力革命的基本原理，紧紧围绕土地革命、武装斗争和农村革命根据地的建设三大中心任务，勇于开拓，不断创新，探索出了一条以农村包围城市，武装夺取政权的中国式革命道路。

新时期，我们党带领全国人民继承和发扬井冈山精神，审时度势，开创了社会主义改革开放的伟大实践。特别是在对建立社会主义市场经济体制的探索上，鲜明体现了中国共产党人的勇于开拓、不断创新的精神。早在1978年10月的中央工作会议上，邓小平就发出了"解放思想"的号召，而在党的工作重点刚刚转移，改革开放和现代化建设事业刚刚拉开帷幕的1979年冬，邓小平更是以马克思主义者的理论勇气和政治魄力指出："市场经济只存在于资本主义社会，只有资本主义的市场经济，这肯定是不正确的。社会主义为什么不可以搞市场经济？这个不能说是资本主义。"① 空谷足音，振聋发聩。在改革开放刚刚初见成效的1985年，邓小平又探索了市场经济问题，他旗帜鲜明地指出："社会主义和市场经济之间不存在根本矛盾，我们必须吸收资本主义中一些有用的方法来发展生产力。"② 在1987年党的十三大召开前夕，邓小平又对市场经济问题进行了进一步的论述，强调今后不再讲以计划经济为主，"计划和市场都是方法"，"只要对发展生产力有好处，就可以利用。它为社会主义服务，就是社会主义的；为资本主义服务，就是资本主义的。"③ 1992年初，邓小平在南巡讲话中更加明确地指出："计划经济不等于社会主义，资本主义也有计划；市场经济不等于资本主义，社会主义也有市场。"④ 这既从根本上解除了把计划经济视为社会主义，把市场经济当作资本主义的思想束缚，澄清了人们的思想认识，更为党的十四大的召开和确定建立社会主义市场经济体制奠定了思想和理论基础。

在计划经济体制固有的社会基础上建立社会主义市场经济体制，把社会主义制度同市场经济结合起来，社会主义发展史上乃至人类文明史上一个史无前例的课题，是中国共产党的大胆创造，是中国人民的智慧结晶。在新的历史起点上继续全面建设小康社会，加快推进社会主义现代化建设，仍然需要一如既

---

① 《邓小平文选》第2卷，人民出版社1994年版，第236页。
② 《邓小平文选》第3卷，人民出版社1993年版，第148~149页。
③ 《邓小平文选》第3卷，人民出版社1993年版，第203页。
④ 《邓小平文选》第2卷，人民出版社1994年版，第373页。

往地继承和发扬井冈山时期的勇于开拓、不断创新的精神,不唯书、不唯上、不受"本本"的束缚,不被传统观念所左右,不断研究新情况,解决新问题,敢于做老祖宗没有做过的事,敢于走别人没有走过的路。

4. 弘扬井冈山精神,艰苦奋斗、锐意进取

在井冈山斗争时期,根据地处于敌人的四面包围之中,物质生活极其贫困。以毛泽东为代表的中国共产党人带领井冈山军民以革命的乐观主义精神和旺盛的斗志,粉碎了敌人的无数次进攻,克服了数不尽的困难,坚持开展武装斗争,最终取得了抗战的阶段性胜利。

今天,我们社会主义现代化建设取得了巨大成就,但我国仍然是一个发展中国家,经济水平相对落后,各方面建设都还存在着许多困难,又面临本世纪中叶赶上世界中等发达国家水平的艰巨任务,这样的基本国情和历史使命决定了我们不能讲排场、摆阔气、挥霍浪费,仍然要大力弘扬井冈山斗争时期的艰苦创业精神,加强对广大党员和人民群众的艰苦创业教育,教育广大党员特别是领导干部要吃苦在前,享受在后,以身作则,率先垂范。江泽民在党的十四大报告中强调指出:我国底子薄,目前正处在实现现代化的创业阶段,需要有更多的资金用于建设,一定要继续发扬艰苦奋斗、勤俭建国的优良传统。

艰苦奋斗、艰苦创业的井冈山精神并非仅仅是革命战争年代和物资困难时期的生存手段,它是我们党的优良传统和全民族的宝贵精神财富,"艰苦奋斗是我们的传统,艰苦朴素的教育今后要抓紧,一直要抓60年至70年。我们的国家越发展,越要抓艰苦创业。"① 当然,我们今天大力弘扬艰苦奋斗、艰苦创业的井冈山精神,并不要人们都去吃"红米饭、南瓜汤",过"苦行僧"式的生活,而是根据新的社会特点,注入新的丰富内涵,要发扬井冈山斗争时期那样一股革命干劲,那样一种革命热情,那样一种拼搏精神,在困难和挫折面前,充分发扬革命的乐观主义和英雄主义精神,敢于斗争,敢于胜利,乐于奉献。在现代化建设过程中,锐意进取,为中华民族的伟大复兴而努力奋斗。

5. 弘扬井冈山精神,密切联系群众,一切依靠群众

"战争的威力之最深厚的根源,存在于民众之中。"② 基于这一伟大而深刻的认识,毛泽东等中国共产党人在井冈山斗争的实践中,始终奉行密切联系群众、一切依靠群众的思想方法和工作方法,把人民群众的根本利益作为党和红

---

① 《邓小平文选》第3卷,人民出版社1993年版,第306页。
② 《毛泽东著作选读》上册,人民出版社1986年版,第266页。

军所有工作的出发点和归宿,因而赢得了广大群众的衷心拥护和支持,使我们党和红军在敌我力量悬殊和艰难环境中获得了最广泛、最深厚的力量源泉,从而能够以"星星之火",得以燎原。

群众路线是中国共产党长期革命和建设经验的总结。我们党是在与人民群众密切联系、共同战斗中诞生、发展、壮大、成熟起来的,群众路线是党的根本路线,这是由我们党的全心全意为人民服务的宗旨所决定的。毛泽东曾说过,处处爱护群众,为群众打算,把群众的利益放在第一位;邓小平指出,群众满意不满意、群众高兴不高兴、群众拥护不拥护、群众答应不答应是衡量我们工作好坏的根本标准;"三个代表"重要思想内容体系中"始终代表中国最广大人民根本利益",体现了共产党人鲜明的政治立场;胡锦涛总书记对全党同志提出的"权为民所用、情为民所系、利为民所谋"的要求,是新时期广大党员干部的权力观、地位观、利益观的生动体现。我们党的最大政治优势是密切联系群众,党执政后的最大危险是脱离群众。这是十六大对党群关系作出的精辟概括。新时期,我们按照十七大所提出的"以保持党同人民群众的血肉联系为重点加强作风建设",始终坚持一切为了群众、一切依靠群众,从群众中来、到群众中去的群众路线,使党永葆生机与活力,始终成为中国特色社会主义事业的坚强领导核心。

第五章

长征洗礼：长征精神

中国工农红军的二万五千里长征，是一部惊心动魄、可歌可泣的英雄史诗。这场举世无双的远征，不仅因为挽救了党和红军、为中国革命的胜利奠定了坚实的基础而载入史册，更因为锤炼熔铸出伟大的长征精神、创造了不朽的精神财富而彪炳千秋。

一、长征精神的形成条件

长征精神是中国工农红军在长征中接受精神洗礼的产物，是中国共产党革命精神在特定条件下的时代升华。长征精神的形成需要一定的主客观条件，是在特定背景下多种革命因素作用的结果。

（一）党对军队的正确领导是长征精神形成的决定因素

第五次反"围剿"失败后，红军被迫进行战略转移，面临着空前严峻的形势。1935年1月，在毛泽东的倡议下，中央政治局召开了具有历史意义的遵义会议。会议总结了红军第五次反"围剿"以来的教训，解决了最为紧迫的军事问题和组织问题，结束了"左"倾错误路线在党中央的统治，确立了以毛泽东为代表的新的中央正确领导。之后，党中央根据革命形势的变化，相继制定出一系列正确的方针、策略，最后确定了北上川陕甘建立西北苏区的方针。

遵义会议以后，中央红军根据党中央的指示，采取灵活机动的战略战术，迅速改变被动挨打的局面，取得了一个又一个的胜利。其中遵义一战，五日内连下桐梓、娄山关和遵义等战略重地，俘敌三千。接着，穿插于敌人重兵之间，驰骋于川、滇、黔广大地区，终于摆脱了几十万敌军的围追堵截，取得了战略转移中决定意义的胜利，率先胜利完成长征。

回顾长征,我们可以清楚地认识到:正是党制定出正确的策略、方针,才能引导红军向着正确的方向前进。张国焘事件更是集中地说明了这一点。毛泽东指出:"谁使长征胜利的呢?是共产党。"① 党对军队的正确领导是形成长征精神的决定因素。正如江泽民所指出:"长征,物质极其匮乏,甚至连基本的生存条件都不具备,但是红军将士战胜了难以想象的艰难险阻,终于实现了自己的战略目标。他们靠的是什么?靠的是中国共产党的正确领导,靠的是全党全军的坚强团结和军民之间的大团结,靠的是红军战士压倒一切敌人而不被任何敌人所压倒、征服一切困难而不被任何困难所征服的英雄气概和革命精神。"②

(二) 深入细致的思想政治教育是长征精神形成的中心环节

红军在长征中形成的长征精神,绝不是偶然的,是党高度重视部队的思想政治教育,坚持用马列主义思想及党的路线、方针和政策教育部队,注重提高红军官兵思想觉悟的结果。根据古田会议决议精神,红军各部门从自身的组织状况出发,将教育对象分成党员、普通士兵及俘虏兵等,并根据不同对象确定不同的内容。在教育过程中,又根据红军指战员的文化程度、觉悟程度分成普通班、特别班和干部班,坚持群众路线开展说服教育。红军指战员的思想在这个革命的大家庭中得到潜移默化的升华。这就给以后的长征打下了良好的思想基础。

长征途中,各部队根据当时的斗争形势和官兵的思想状况,开展了广泛、深入、细致、艰苦的思想政治教育工作。一是根据革命形势的严峻情况,进行革命前途教育。部队突破敌人三道封锁线后,已疲劳不堪、埋怨和不满情绪逐渐增长,思想相当混乱。为此,《红星报》于1934年11月14日发表了《我们在反击中的胜利》,指出敌人的"堡垒政策,不能阻止和限制我们红军的活动和苏维埃革命的发展",并要求必须同一切对于我们目前的行动表示怀疑、悲观失望以及逃跑、开小差甚至投敌的现象作坚决的斗争。这个讨论提纲在部队传达学习,对振奋精神、增强胜利信心起到了重要作用。二是进行党的路线、方针和政策教育。为贯彻黎平会议的决定,总政治部要求各级政治机关务使每个红军战士了解我们行动的总方针与当前的任务。根据这个训令,各级政

---

① 《毛泽东文集》第1卷,人民出版社1999年版,第55页。
② 江泽民:《在纪念红军长征胜利六十周年大会上的讲话》,人民出版社1996年版,第4页。

治工作人员向部队进行大量的解释教育,使党中央的决定得到广大指战员的积极拥护,增强了大家的信心。三是进行革命英雄主义教育。在中央红军二渡赤水的过程中,总政治部指示,政治工作要根据党中央、中央军委《告全体红军指战员书》精神,在连队中进行深入的解释教育,使"只有以最大的勇气,打胜仗消灭敌人,才能创造新苏区"成为大家的共识。总政治部在《关于渡过大渡河后政治工作的指示》中,要求"各兵团首长必须向全体指战员指出其意义,鼓动全军以最大的勇猛、果敢、机动、迅速完成战斗任务,以顽强意志克服粮食与地形的困难,此时政治工作须特别努力"。

通过持续、深入和细致的思想政治教育,广大红军官兵逐步树立起无产阶级的世界观和人生观,懂得了革命的理论和革命的艰苦性,在长征中表现出坚定的革命信念和必胜的革命信心。由此可见,掌握思想政治教育,是团结全党进行伟大政治斗争的中心环节,也是形成长征精神的中心环节,无论我党我军所处的社会历史条件发生什么样的变化,这个中心环节都只能加强不能削弱。

(三) 党员干部的表率作用是长征精神形成的强大动力

面对长征途中险恶的自然环境和强敌的围追堵截,广大党员干部始终以自己的模范作用影响和带动部队。毛泽东、周恩来等同红军战士一样吃野菜、啃树皮。为筹集粮食,朱德总司令同战士们一起割麦。在战斗中,党员干部更是身先士卒。红二十五军团在经过许(昌)南(阳)公路时,敌人乘机发起攻击,并从两翼实施突击,情况十分险恶。在此危急时刻,军政委吴焕先赶到队伍前,从交通队员身上抽出一把大刀,奋不顾身冲上前去,与敌人展开白刃格斗。在强渡大渡河中,第一个强渡过河的领导者是三连连长毛振华,他率领三个筏子不顾一切,在敌人火力射击下奔杀而过。

正如陈云在《随军西行见闻录》中所写:"红军军官之日常生活,真是与士兵同甘苦。不知者不知谁为军长,谁为师长。在红军行军发生困难时,共产党员必须让非党分子之红军先吃先宿,作战时党员则冲锋在前,退却在后……党员干部时时刻刻以身作则、团结、吸引和感染着广大红军官兵,广大红军从他们身上认识到党的伟大,看到了革命的希望……"

(四) 井冈山精神为长征精神的形成奠定了思想基础

井冈山精神作为中国共产党和人民解放军历史上最早的一种革命精神,其显著特征在于它的开创性和奠基性,中国共产党诸多革命精神形态无不都与井冈山精神有着紧密的渊源关系。长征精神更是如此。

井冈山的斗争是中国共产党领导下的人民革命战争在早期所经历过的最为坚苦卓绝的斗争。在这场斗争中，井冈山根据地军民，在敌人疯狂的军事"围剿"和经济封锁下，在斗争和生活极其艰难的条件下，创造了在极端恶劣环境中红军仍然能够保持不败的奇迹。同时，形成了内涵丰富的井冈山精神：自己动手、克服困难、发动群众、武装群众；服从党纪、永不叛党，军内民主、人人平等，同甘共苦、官兵一致；充满信心、乐观进取、团结一致、众志成城等。正是在这种伟大精神的鼓舞下，中国革命实现了由城市转移到农村的伟大战略转变，开创了中国革命的新格局。

红军长征所遇到的困难是罕见的，红军在长征中表现出来的特别能吃苦、特别能战斗和勇于牺牲的革命英雄主义和革命乐观主义精神也是前所未有的，这也正是因为革命军队经过了井冈山时期的历练和井冈山精神的感染。井冈山"工农武装割据"的思想为遵义会议党的军事路线的确立打下了坚实基础，井冈山时期的苦斗创业精神激发了长征路上红军艰苦奋斗精神，井冈山时期各路革命力量的汇合为长征中红军团结一致开辟了良好开端。从这个意义上讲，没有井冈山精神的优良传统，长征的胜利是很难形成的。正是党和红军继承和发扬井冈山精神，红军才能在万里征途中克服重重困难，最终取得长征的胜利。

二、长征精神的精神实质

长征精神就是中国工农红军在长征途中所表现出来的，使长征得以取得胜利的一切可贵的革命精神和高尚的道德品质。"伟大的长征给党和人民留下了伟大的长征精神。这种精神，就是把全国人民和中华民族的根本利益看得高于一切，坚定革命的理想和信念，坚信正义事业必然胜利的精神；就是为了救国救民，不怕任何艰难险阻，不惜付出一切牺牲的精神；就是坚持独立自主、实事求是，一切从实际出发的精神；就是顾全大局、严守纪律、紧密团结的精神；就是紧紧依靠人民群众，同人民群众生死相依、患难与共，艰苦奋斗的精神。长征精神，是中华民族百折不挠、自强不息的民族精神的最高体现，是保证我们革命和建设事业从胜利走向胜利的强大精神力量。"①

---

① 江泽民：《在纪念红军长征胜利六十周年大会上的讲话》，人民出版社1996年版，第6页。

（一）对革命理想的执著追求，对革命事业必胜的坚定信念

惊心动魄的二万五千里长征，规模之大，行程之远，历时之长，自然环境之恶劣，敌我力量悬殊之大，在人类战争史上是绝无仅有的，是中国革命史上的奇观。长征途中，红军指战员遇到无数困难：有国民党反动派的飞机轮番侦察、轰炸，有数十万的反动大军围追堵截，并且红军指战员每天都要行军、作战；路途上有时找不到粮食，许多伤病员得不到安置，缺医少药，只能随部队前进，不少伤病员在途中牺牲。饥饿、严寒、疾病、敌人的追剿，都时时威胁着红军。许多红军指战员在战斗中、在爬雪山、过草地中倒下了，为革命献出了自己的生命，甚至连姓名都没有留下来。他们英勇地牺牲了，后面的战友沿着他们开辟的道路继续前进。是什么力量支持着他们与天斗，与敌人斗，战胜困难，打败强大的敌人呢？是对革命理想的执著追求，对革命事业必胜的坚定信念。正如张闻天在《论青年的修养》一文中所说："中国共产党人曾经完成了二万五千里长征。这件事震动了全世界。为什么二万五千里长征能够有这样巨大的影响呢？原因就在于中国共产党在这次长征中充分地表现出了她为了自己的理想而牺牲奋斗与坚持到底的精神。"

红军的理想，就是共产主义理想；红军的信念，就是对革命事业、对北上抗日的坚定信念。过雪山途中的党岭山时，有位战士冻僵的遗体被埋在雪地里，在雪外露出一只手臂，并紧握着拳头，路过的战友上前把手掰开，手里握着一张党证和一块大洋。党证上写着："刘志海，中共正式党员，1933年入党。"后来的红军战士替他交了最后一次党费。临死前也不忘记一个共产党员的职责，这是对革命理想多么坚贞的崇高精神！长征途中充满艰辛，但战士们仍跟着党和红军队伍走。因为他们深信：共产党领导的革命一定能够取得胜利。长征沿途红军写的标语上，常有"一定要胜利"的字样；红军宿营离开农家时，总不忘记说声"革命胜利后再来看你们"、"革命胜利后再见"。

共产主义理想给红军指战员战胜困难以无穷力量。红军老战士吴兴回忆说："我们翻越了一座又一座雪山，我想我们这些人也许永远翻不过这些山了，没有什么希望了。但我坚信，即使我们真的倒下去，中途失败了，那我们的下一代也一定会继承我们未竟的事业，继续前进，革命终将成功。"① 长征途中，张闻天在给陕北公学师生的报告中说："长征中我们的确曾经碰到了无数困难……困难几乎是不能克服的。然而我们那时只有一个思想，就是无论如

---

① 陈宇：《长征精神万岁》，黄河出版社1997年版，第92页。

何要克服这些困难,要为自己的理想奋斗到底。"长征途中困难再多,他们对共产主义的信念仍然坚贞不渝,他们坚信中国革命必将胜利。长征途中许多红军战士为了实现理想,为了祖国、民族的前途和人民的利益,英勇无畏地献出了自己的一切,直到生命的最后一刻。他们想到的不是自己,而是他们信仰的主义和革命事业。

(二) 勇往直前,气吞河山的英雄主义气概

红军长征不是在平常环境中进行的,而是在数十万敌军的围追堵截下的战斗行军,几乎平均每天都有一次遭遇战。国民党政府动用了精锐嫡系部队和地方军阀势力,依靠人力、物力、交通、军事装备等方面的优势,利用山川险阻,以逸待劳。而红军在远离根据地、粮弹俱缺的情况下,以无比坚强的毅力,步行在崎岖的山径栈道,峭崖险川,行程1.25万公里,足迹踏过10多个省,平均每天走30~40公里,最多时一昼夜在战斗中急行军120公里,打了许多空前剧烈的激战、恶战。

红三军团的红五师为了掩护大部队突围,在湘江之畔进行了顽强的阻击战,以一个师打退了敌人两个师的多次进攻,使敌人没能前进一步。在激烈的战斗中,师参谋长、两个团长、政治委员、营、连、排指挥员大多牺牲或负伤,战士伤亡也相当大,剩下的指战员同敌人展开殊死战斗,人在阵地在,直到完成阻击敌人的任务才撤退。红五军团二十四师在湘江狙击战中,冒着敌人的猛烈炮火和飞机轰炸,不怕牺牲,顽强战斗,杀伤了大量敌人,一次又一次地打退敌人的进攻。他们的战斗口号是:"誓与阵地共存亡,坚决打退敌人的进攻,保证中央机关和兄弟部队抢渡湘江。"这支部队从师长到战士同敌人血战数日,绝大部分都牺牲了,他们用鲜血和生命开辟了红军长征胜利的道路。

红一军团第四团在突破乌江战斗中,当乘坐第一只竹筏的8位勇士被翻入江底后,又一批勇士跳上竹筏向对岸冲去;中央红军干部团在突破金沙江战斗中打出了威风,声名远扬,突破天险腊子口战斗,担负强攻的红六连在一夜之间连续向敌人发起多次冲锋,桥上桥下铺了厚厚一层手榴弹碎片,由28人组成的突击队,最后仅剩下2人。第二天夜里,又组织突击队向敌展开攻击。迂回部队的勇士们在漆黑的夜中,用手摸索着石缝,用4把刺刀交替着插向石缝,四肢并用,向几十米高的悬崖爬去。草鞋很快被刺刀割破,白光光的刺刀染成了红色,鲜血浸透了衣服,他们终于奇迹般地攀上了崖顶,与正面攻击部队一举击败了守敌,砸开了这个铁门关。

娄山关战斗、四渡赤水、巧渡金沙江、嘉陵江战役、土门战役、包座战斗、突破腊子口、百丈关战役、雅江战斗、直罗镇战役、乌蒙山回旋战、得章坝战斗、普渡河与六甲战斗等，红军指战员勇于战斗，不怕牺牲，将勇兵雄，有雷霆万钧之势，摧枯拉朽，英勇无敌。他们前仆后继，披荆斩棘，抢险飞渡，所向披靡，谱写出了一曲时代强者的壮歌，表现出勇往直前、气吞河山的英雄主义气概。

（三）无私无畏，饮苦若饴的革命乐观主义精神

在人类历史上，至今还没有哪支军队像红军这样能吃苦。红军在没有后勤保障的万里征途上，夺关隘，渡险川，爬雪山，过草地，在超常态的恶劣自然环境中饥寒交迫，几乎处于绝境。长征路上条件再艰苦，部队中总是充满乐观情绪，红军指战员始终表现出一种无私无畏、饮苦若饴的革命乐观主义精神。红军指战员们在长征路上无论遇到高山险水、雪山草地，他们都视为等闲，大家互相鼓励，振奋精神。"万水千山只等闲"的诗词是革命乐观主义的鲜明印证。

红军长征途中处处充满着革命乐观主义精神。敌机投下了一颗哑弹，却被徐特立戏说："这是马克思在天之灵保佑着我们。阎王爷查了查生死簿，说这几个老家伙该向我报到来了。大胡子马克思不同意，说他们的革命任务还没有完成哩。"徐老幽默的笑谈，使紧张的战斗爆发出阵阵笑声。红军宣传队的战士们在最艰难的时刻永远是一支最活跃最积极的力量。环境越艰苦，他们的情绪越高昂。在雪山顶上，他们高呼："同志们，坚持住，坚持住就是胜利。"①红军战士们走到哪里，哪里就有歌声。红军宣传队员们自编自演节目，在频繁、紧张的战斗生活间隙表演文娱节目、出墙报、演戏、编快板。长征"四老"（董必武、谢觉哉、林伯渠、徐特立）在宿营时有空就爱讲革命经历，他们处处起表率作用，时时关心着别人，用坚定的革命信念和乐观主义精神去感染和鼓舞战士们。在过草地的艰苦日子里，大家围着篝火，煮饭、烤衣和取暖，甚至开起了篝火晚会，有的吹口琴，有的唱歌，有的讲历史故事，有的叙革命经历，有的还谈论未来共产主义建设的宏图。②

---

① 李安葆：《长征史》，中国青年出版社1986年版，第253页。
② 《二十世纪人类的奇迹——纪念中国工农红军长征胜利60周年论文集》，光明日报出版社1996年版，第408页。

（四）紧密团结，顾全大局的精神

长征途中，红军不仅要同恶劣的大自然作斗争，还要同强大凶恶的蒋介石反动派的围追堵截作斗争。在这种极其艰险的境地下，只有加强革命团结，顾全大局，形成坚强的战斗力量，才能战胜敌人。党内的团结，红军的团结，是长征胜利的基本保证，也是长征精神的重要内容。

毛泽东、朱德等中央领导同志为全党、全军的团结作出了表率。遵义会议对犯"左"倾错误的领导人，进行了耐心细致的思想工作，在坚持原则的前提下，广泛地团结了党内犯错误的同志，仍然安排他们以适当的领导职务，发挥他们的积极作用。毛泽东根据当时的环境和多数人的思想认识水平，着重解决中央在军事路线上的错误，对政治路线问题待以后有适当时机再逐步解决，避免在党内引起大的震动，有利于增强全党团结，共同对敌，完成长征。

红一、四方面军会师以后，张国焘公开分裂党和红军。以毛泽东为核心的党中央，以大局为重，一方面同张国焘的分裂主义进行斗争，坚持党的原则，另一方面又多方面地做张国焘的工作，以最大的耐心进行教育、挽救，争取张国焘北上，为此，还作了必要的让步和妥协。朱德总司令留在四方面军，同张国焘的分裂行径作坚决的斗争，并利用同部队接触的机会，耐心地教育红一方面军的指战员，"我们一定要坚持真理，坚持斗争，坚决拥护中央北上抗日的路线，但要有正确的斗争方法，要顾全大局，讲革命，讲团结。红四方面军广大干部战士都是好的，革命的，都是我们的阶级兄弟……所以同志们要注意和他们搞好团结，切不要上少数人破坏团结的当。团结就是力量，只有加强全体红军的团结，才能克服一切困难，争取革命事业的胜利。"①

（五）实事求是，一切从实际出发的精神

红军长征的被迫转移和长征初期中央红军极端危险的境地，是王明"左"倾冒险主义错误造成的。王明"左"倾冒险主义的主要特征就是教条主义，一切从本本出发，从共产国际的指示出发，而不是从中国实际出发，从而给中国革命造成了极大的危害。1935年长征途中，中共中央召开了遵义会议，毛泽东在发言中系统地批判了"左"倾错误军事路线，全面阐述了中国革命战争的战略问题，讲得深入浅出、生动感人。他批评博古把第五次反"围剿"

---

① 中共中央党史资料研究室第一研究部：《红军长征史》，辽宁人民出版社1996年版，第460页。

失败的原因主要归结于敌强我弱的客观因素上,并有理有据地指出"左"倾教条主义战略战术上的错误。

遵义会议及通过的决议从实际出发,集中全力解决了具有决定意义的当时最紧迫的军事问题和组织问题。会议否定了王明"左"倾冒险主义的军事路线,肯定了毛泽东为代表的正确的军事路线。会议改组了中央领导机构,毛泽东被选为政治局常委,取消了极力推行教条主义的领导者博古和李德的最高军事指挥权。这次会议是在与共产国际失去联系的情况下召开的,实际上抵制了共产国际教条主义的错误指导。中国共产党第一次独立自主地决定自己的路线和选择自己的领袖。这次会议挽救了党,挽救了中国革命,成为中共党史和中国革命史上一个生死攸关的转折点。遵义会议标志着毛泽东为代表的军事路线的胜利,毛泽东善于把马列主义的普遍原理同中国革命的具体实践结合起来,因此遵义会议也就标志着以毛泽东为代表的理论与实际相结合的实事求是的思想路线的胜利。

遵义会议以后,毛泽东为代表的党中央根据长征途中的形势变化,制定相应的路线、方针和政策。红军根据实际情况的变化,灵活地变换作战方向,迂回曲折地穿插于敌人重兵之间,连续取得四渡赤水河、巧渡金沙江、强渡大渡河、飞夺泸定桥的胜利。红军经过少数民族地区时,从少数民族地区的实际情况出发,尊重少数民族的风俗习惯,正确制定和执行了党的民族政策,得到少数民族的理解和支持,顺利地通过了这些地区。红军最后突破天险腊子口,落脚陕北。这并不是长征初期"左"倾领导者的计划和安排,而是毛泽东从实际出发,实事求是,经过多次变更战略方针,才确定并取得最后胜利的。

(六)艰苦奋斗,全心全意为人民服务的精神

井冈山时期,毛泽东就在红军中提出了全心全意为人民服务的宗旨,规定了打仗、筹款、做群众工作三大任务。长征过程中,红军经过了11个省及30多个少数民族地区。有些地方物质供应极端缺乏,红军战士们发扬了艰苦奋斗、全心全意为人民服务的献身精神,终于得到了群众的信赖和支援。

由于国民党的歪曲宣传和人为破坏,加上红军大多走的是人烟稀少、贫穷落后的地区,红军的物质供应得不到保障,衣食住行都非常困难。但不管多么困苦,红军都不会损害群众利益,他们经常风餐露宿,天当房,地当床,有的就露天站着睡觉。用野菜充饥,用篝火御寒。在爬雪山过草地时,没有野草就吃皮鞋、皮带。红军无论走到哪里,都能很快同当地群众打成一片,访贫问

苦，关心群众生活，沿途书写标语，散发传单，召开会议，积极宣传党的政策和红军的宗旨；打富济贫，开仓分粮，用实际行动教育群众，动员群众，武装群众。买卖公平，处处保护群众利益。红军在行军打仗宿营的地区，都要帮助群众担水，打扫卫生，挖掘厕所，临走时，还要检查纪律，送门板、绑禾草等，尽量不给群众增加负担。在有些地方，红军纷纷把自己的衣物、毛巾送给贫苦的各族人民。毛泽东曾把自己身上的毛衣、行李中的被单及一部分粮食，送给乞讨的苗族老妇和小孩。① 为了保护群众的生命财产安全，红军战士甘愿献出自己的衣物，甚至甘愿牺牲自己的生命。

艰苦奋斗，全心全意为人民服务的精神，使军民之间保持了鱼水深情。也因此形成了人民热爱红军，为红军抢救伤员，照养红军后代，保守红军机密，为红军指路带路，送药送粮的良好局面，确保了万里长征的红军实现战略转移。

三、长征精神的时代价值

胡锦涛总书记在纪念红军长征胜利 70 周年大会上讲话指出：在新长征的征途上，我们一定要把长征精神作为加强社会主义精神文明建设的重要内容，作为在全体人民特别是青少年中进行理想信念和思想道德教育的重要内容，坚持不懈地发扬光大，把长征精神一代一代传下去。② 青年是祖国的希望和民族的未来，正如邓小平指出："我们的事业任重道远，希望寄托在青年人身上。赢得青年，才能赢得未来。"③ 长征精神是一部生动的教材，我们必须充分利用这一宝贵的精神财富，教育和引导当代青年。

（一）加强理想信念教育

理想信念是人们对未来的向往和追求，是其世界观和政治立场在奋斗目标上的集中体现，是确立人生价值取向的最高准则。理想信念一旦形成，就会成为支配人们行动持久的精神动力。当年红军战士之所以能够长途跋涉，征服千难万险，翻越空气稀薄、终年积雪的重重高山，穿过人迹罕至、沼泽遍布的茫

---

① 李安葆：《长征路上·毛泽东和他的战友们》，黑龙江人民出版社，第10页。
② 《人民日报》，2006年10月22日，第1版。
③ 《毛泽东邓小平江泽民论青少年和青少年工作》，中国青年出版社、中央文献出版社2003年版，第295页。

茫草地,跨过激流汹涌、难以渡越的条条江河,吃草根,咽树皮,忍饥受冻,历经艰辛,最终胜利会师,创造出惊天动地的业绩。其首要的原因就是他们对革命理想的执著追求,对革命事业无比忠诚和对革命必胜的坚定不移的信念。正是有了这样的信念,红军将士才有了精神支撑和动力,激励他们克服种种困难,勇往直前。

在复杂环境中成长起来的当代青年,也只有具有远大理想信念和坚定的事业追求,才能产生经久不衰的动力,不被资本主义的糖衣炮弹所击中,不被社会的丑恶现象所迷惑,不被眼前的困难和挫折打倒,坚定自己的价值追求,奋发成才,奉献社会。马克思主义深刻揭示了人类社会发展的规律,科学论证了社会主义、共产主义是人类社会发展的必然趋势,从而把社会主义理想信念建立在对社会发展规律的科学认识的基础之上。它正确揭示了人与集体、社会以至人类的互动关系,论证了人生的价值、意义及合理实现途径,从而使人们的信仰实现了由盲目到科学的质的飞跃。在社会主义中国,对青年的理想信念教育,就是依据马克思主义的内在要求和价值所在,引导他们掌握辩证唯物主义和历史唯物主义,树立崇高的人生目标,庄严的社会责任感和历史使命感。

具体来说,就是引导青年坚定对马克思主义的信仰,坚定对社会主义的信念,坚定对改革开放和现代化建设的信心,坚定对党和政府的信任。同时,通过马克思主义世界观、唯物论、无神论的宣传教育,使青年学会正确运用马克思主义的立场、观点和方法探索社会和人生,科学地认识资本主义,正确认识社会主义,迎接各种社会思潮的冲击和挑战,树立牢固的共产主义理想;加强毛泽东思想、邓小平理论、"三个代表"重要思想及科学发展观的教育,引导青年正确认识和汲取我国及国外社会主义建设正反两方面的经验教训,坚信社会主义优越于资本主义。在当前,尤为重要的是要做好把我国建设成为富强、民主、文明的社会主义国家这一共同理想的宣传教育,要教育引导青年正确认识党的建设的现状,介绍党的基本路线和方针政策,坚信党和政府反腐倡廉的决心,坚定对党的信任,坚信党完全有能力领导人民建设社会主义现代化,实现祖国的伟大复兴。

(二) 加强集体主义教育

长征途中,红军在党的利益、民族利益和小团体利益、个人利益发生冲突时,从领导干部到普通士兵,都无不表现出顾全大局、牺牲个人利益、维护集体利益的精神品质。在攻占敌人阵地时,战士们抢着当先锋,把生的希望留给别人，把死的危险留给自己。在缺衣少粮的情况下，一碗稀粥战士们推来推去，谁也舍不得吃下去。在困难和生死面前，红军战士表现出了博大的阶级友爱之情，集体主义利益至上的崇高品质。长征精神就是人民利益、国家利益、民族利益高于一切，集体利益高于个人利益，全局利益高于局部利益的精神。

长征谱写出了一首红军战士精诚团结、顾全大局、共同奋斗的集体主义英雄凯歌。新形势下，引导和帮助青年树立起以集体主义为核心的社会主义价值观，是关系到培养什么样的人，为谁培养人的大问题。集体主义思想反对一切"个人至上"、"个人中心"和"个人神圣"的个人主义理论。它强调集体利益高于个人利益，集体利益是个人利益的真正体现，当个人利益同集体利益发生矛盾时，要先公后私，顾全大局。也就是说，集体主义价值观使青年懂得自我价值只有在与他人、集体、社会发展的关系中才能得到充分体现。否则，自我价值的实现只能是无源之水，无本之木。因此，在青年中进行集体主义价值观教育时，要注意以下两点：

第一，正确认识集体主义和个人主义，划清正当的个人利益与个人主义的界限。在一些青年看来，提倡集体主义就是泯灭个性、否定自我，强调集体利益就是否认个人利益。要帮助当代青年正确认识集体主义、转变思想，首先就要实事求是地分析过去几十年对集体主义的宣传和解释上的偏颇之处，让青年正确认识集体与个人的辩证关系。集体主义在强调集体利益时，并不抹杀个人利益的合理性，它强调集体利益的发展离不开个人积极性的发挥，强调个人对集体、对社会、对国家的义务感和责任心，在贯彻集体利益高于个人利益的原则时，重视个人的正当利益，维护个人的尊严、价值和权利，并努力促进个人的进步和发展。

第二，摆正金钱在人生追求中的位置，这是当今对青年的人生价值观教育中不可回避的问题。对此，应该引导当代青年正确看待金钱问题。金钱并不是衡量人生价值的唯一标准，金钱获得再多，也不能等同于一个人价值的完全实现。青年不应当将获得金钱作为自己人生的唯一目标。否则，就会失去理智，从而走向自我毁灭的深渊。

（三）加强艰苦奋斗精神教育

历史经验证明：一切伟业的成功，任何奇迹的创造，没有崇高的精神支撑是不可能的。长征途中，战士们没有衣服穿，就将兽皮披在身上；没有鞋子穿，自己动手编制草鞋；没有吃的，就用野菜、树皮充饥；没有房子宿营，他们就抱成一团,靠彼此的体温御寒……艰苦奋斗精神是红军长征取得胜利的可靠保证,也是我们党继承和发扬中华民族优良传统的光辉典范。

在建设中国特色社会主义,全面建设小康社会的历史征程中,在青年群体中大力弘扬艰苦奋斗的优良传统,具有重要的现实意义。对青年进行艰苦奋斗教育,首先是继承革命传统的需要。青年作为跨世纪的社会主义建设者,肩负着实现现代化的历史重任。树立艰苦奋斗的创业精神对他们来说,具有终生受用的战略意义。青年只有把艰苦创业的接力棒接过来,才能不辜负老一辈的期望。其次,对青年进行艰苦奋斗教育,是提高跨世纪人才素质的需要。知识经济的悄然兴起可以说是一场无声的革命,无论对生产方式、生活方式、思维方式都将产生重大影响,以培养人才为职责的各类学校,必须加强对青年的素质教育和培养。贯穿其中的红线是艰苦奋斗精神的培养。没有艰苦奋斗的精神,即使是高素质的人才,也可能仅仅是理论上的巨人,行动上的矮子。第三,对青年进行艰苦奋斗教育,是帮助他们实现理想、立志成才的重要条件。实践证明,一个人年轻时受一些挫折、磨难并不一定是坏事,"穷且益坚,不坠青云之志"是人生宝贵的精神财富。20世纪80～90年代出生的青年,经常被称为"抱大的一代",由于是在风平浪静的社会环境中,在父母老师的层层呵护中长大的,他们得到的是太多的宠爱与温暖,使这一代人自立能力较差,心理上比较脆弱,缺乏的正是艰苦奋斗的思想准备和心理准备。正是因为如此,对青年进行艰苦奋斗精神的培养就显得尤为迫切。

(四)加强纪律教育

严明的战斗纪律、群众纪律和组织纪律是红军取得长征胜利的又一重要法宝。长征途中的红军,在战斗中,争当先锋、前赴后继、勇于牺牲。组织上,实行民主集中制,个人服从集体,少数服从多数,下级服从上级。在和群众的关系上,更是谱写了一曲可歌可泣的"亲民之歌"。长征之初,由于敌军散布的谣言以及群众的不了解,一些群众对红军存在畏惧、疑惑的心理,不知道红军究竟是怎样的一个组织,代表的是谁的利益。因此,当他们看到红军路过时,有的纷纷逃入深山,有的闭门不出,有的甚至存在敌对情绪。面对这种情况,红军一方面对群众进行积极的宣传工作,用通俗的语言,极大的耐心同群众接近,纠正他们对我军的误解。另一方面,红军也以自身的行动向群众展示了自己是一支"正义之师",是同群众心连心,代表他们利益的军队。他们对待群众亲密友善,不拿群众一针一线,帮助群众组织生产,尊重各少数民族的民族信仰，更有刘伯承与彝族的部落首领小叶丹歃血为盟的感人事迹。正是红军严明的组织纪律性，打动了沿途的群众，他们最终把红军当作自己的亲人，用各种形式表达对红军的支持和爱戴。红军也正是在广大人民群众的支持下，才最终克服困难，胜利会师。

　　严明的组织纪律和良好的行为习惯也正是当代青年所必须加强的。在当前青年群体中还不同程度地存在着以下现象。如部分青年的日常行为习惯与青年形象不符，不讲社会公德，行为粗野，谈吐庸俗，个别人还走上抢劫杀人等犯罪道路；恋爱方式上，责任意识低，少有真实的感情投入，只是追求物质上的满足和精神上的虚荣；消费行为上，不考虑自身的消费实力，片面追求名牌，盲目跟随潮流；把纪律当做束缚人的咒语，把个人无原则的行为当做准绳，行为习惯充满一种反理性的因素。纪律观念薄弱，组织形式涣散，行为习惯随意使当代青年的理想志向失去了支撑和保证。青年时期正是人生形成自觉道德意识和行为习惯的重要阶段，青年思想政治教育就必须注重对他们进行纪律观念和基本道德规范的教育。通过组织青年认真学习校纪校规、《公民道德建设实施纲要》等行为规范，引导、教育他们大力弘扬社会公德、职业道德和家庭美德，自觉遵守爱国守法、明礼诚信、团结友善、勤俭自强、敬业奉献的基本道德规范，从而形成高尚的道德情操和良好的行为习惯。

第六章

陪都砺炼：红岩精神

在民族危亡的历史时期，在国民党统治区中心——重庆，以周恩来为代表的老一辈无产阶级革命家，在党中央的领导下，团结带领国统区广大共产党人和革命志士，在复杂险恶的社会环境中，在争取民族独立和人民解放的斗争实践中锤炼、培育形成了崇高革命精神——红岩精神，为中国共产党革命精神宝库增添了重要内容。

一、红岩精神的历史培育

红岩精神的形成并非偶然，它是中国共产党领导中国人民，在特定的历史阶段、特定的社会环境中，继承和弘扬民族精神，发扬党的优良传统，在艰苦卓绝的革命斗争实践中形成的伟大精神。

（一）红岩精神是在特定时代背景下产生的革命精神

红岩精神产生于中华民族空前团结、万众一心、共赴国难、救亡图存的抗日战争时期。这一时期的中国共产党在民族矛盾大于国内阶级矛盾之时，始终代表国家民族和最广大人民群众的根本利益，抛弃十年内战时期与蒋介石国民党的前嫌，曾先后发布《抗日救国十大纲领》、《中国共产党为公布国共合作宣言》一系列有利于团结抗日的宣言和文件，力倡以国共合作为基础的全国抗日民族统一战线。中国共产党始终高举抗日救国这面旗帜，从最初的"反蒋抗日"、"逼蒋抗日"，到后来的"联蒋抗日"、"拥蒋抗日"，走的是一条代表全国人民和国家民族根本利益的团结抗日路线。正是由于中国共产党的这种"国家至上"、"民族至上"和全国人民根本利益至上的精神，才实现了国共两党的第二次携手合作，团结抗日，形成了由中国共产党倡导的、以国共两党合作为基础的、全国范围内各党各派各界各民族各阶层人民空前团结的抗日民族统一战线。同时也历史地出现以周恩来为首的中共中央南方局结庐红岩，八年工作生活在国民党统治区中心，八路军办事处、《新华日报》和《群众》周刊等中共机关战斗在重庆。

面对抗日战争的严峻局势，面对国民党的摇摆不定乃至顽固派的反动行径，以周恩来为代表的南方局及广大革命志士始终在思考：国难当头，怎样把方方面面的人聚集在爱国抗日进步的大旗之下这一个艰难课题。他们在救亡图存的爱国主义旗帜下，始终信守"苟利国家生死以，岂因祸福趋避之"的崇高信念，在国民党这个"大染缸"里始终保持着中国共产党人的本色，以临险不惧、临危受命、临难不苟的英雄气概，以"生一日则尽一日之赤心"大无畏的开拓精神，以巨大的人格魅力、真诚的交友之道和海纳百川、和衷共济的胸怀，将国统区各界人士和广大人民群众团结在中国共产党周围，不断发展壮大进步力量，孤立反共顽固势力，维系国共合作，最终为解放战争时期形成第二条战线奠定了坚实的基础。这充分展现了在这一特定时期的共产党人威武不屈的忠贞和对革命理想矢志不移的坚定，展现了共产党人对国家、对党的无限忠诚，为近代中国革命历史熔铸了不朽的丰碑。

（二）红岩精神是在特定地域环境中产生的革命精神

红岩精神产生于抗战时期国民党统治的中心——重庆这一特殊的环境之中。作为战时的陪都，重庆汇集了方方面面的人，既有革命者，也有投机家，还有观望者，甚至反革命者。南方局虽处于抗日民族解放战争的后方，但却在国民党反动政权的包围之中，是与敌后抗日战场不同的另一个特殊的战场。在这里，以周恩来为首的中共中央南方局，为配合正面战场和抗日根据地的武装斗争，在国民党统治的大后方，掀起了一场声势浩大的抗日救亡运动。他们既广泛动员和凝聚抗日民主力量，同时还与国民党压制抗日、民主、自由的反动行径进行了坚决而又灵活的斗争，既广泛传达我党关于抗日民主的各项方针政策反映爱国文化人士反对分裂反对内战的心声，又勇敢地揭露国民党顽固派破坏抗日民族统一战线，消极抗日、积极反共的罪恶行径。在艰难复杂的环境中，南方局广大党员和干部，既善于识破国民党的利诱和拉拢，始终保持着共产党人艰苦朴素的本色，又善于与国民党军警特务的监视、跟踪和迫害进行巧妙的周旋和顽强的斗争，始终保持着共产党人坚定而灵活的旺盛革命斗志。

红岩，是抗日民族统一战线的前哨阵地，红岩精神正是对中国共产党抗日民族统一战线实践最完整、最准确和最忠实的体现与记载。尽管八年抗战期间国共关系诡谲多变，几次濒临破裂边缘，但以周恩来为首的中共中央南方局老一辈无产阶级革命家们深知国共合作团结抗日于国家民族的重要性，他们临难不苟、相忍为国、坚守阵地、力撑危局，最终弥合了国共裂痕，使国家民族免去了一场因内讧分裂而可能导致亡国灭种的危机。这种国家民族利益至上的爱国主义、民族主义是中华民族优秀传统美德在共产党人身上的具体再现。质地坚韧的红岩，正好象征了南方局广大党员和干部在艰苦复杂斗争中所表现出来的坚韧不拔的精神。这种在特殊环境中锻造出来的红岩精神，是中国人民千百年来英勇抗击外敌入侵精神和不屈不挠反对国内反动统治斗争精神的结晶，是中国共产党领导中国抗日民族解放战争伟大"抗战精神"在国民党统治区集中而鲜明的体现。

二、红岩精神的精神内核

红岩精神蕴含和体现着中国共产党人在革命斗争中所培育的崇高精神风范，是中国共产党和中华民族的宝贵精神财富。正如江泽民所说："风雨如磐的革命斗争岁月，培育和形成了伟大的红岩精神。红岩精神充分体现了老一辈无产阶级革命家、共产党人和革命志士的崇高思想境界、坚定理想信念、巨大人格力量和浩然革命正气。红岩精神同井冈山精神、长征精神、延安精神一样，都是中国共产党人和中华民族的宝贵精神财富。"① 红岩精神的实质是无产阶级世界观、人生观的生动体现，是无产阶级革命家崇高理想、坚定信念、高尚情操和优秀品格的集中反映，是在特定斗争环境中表现出来的共产主义精神。

（一）崇高的思想境界

崇高的思想境界，首先表现为以争取民族独立为重的大局意识和在复杂环境下灵活开展政治斗争的智慧和艺术。抗日战争能够坚持到最后并取得胜利，一个决定性因素就是在中国共产党的积极倡导下，建立了国共合作为基础的抗日民族统一战线，并依靠这个统一战线实现了全民族力量的空前凝聚。而设在国民党统治区的南方局，所进行的一切政治活动和斗争，更是始终围绕维护国共合作抗战局面，巩固发展抗日民族统一战线和人民民主统一战线来展开。1941年初，国民党顽固派蓄意制造震惊中外的皖南事变后，反共逆流席卷整

---

① 《江泽民论有中国特色社会主义专题摘编》，中央文献出版社2002年版，第401页。

个国民党统治区,导致抗日民族统一战线内部阶级矛盾异常激烈。以周恩来为首的南方局以"有理、有利、有节"的政治谈判,以大无畏的英勇气概,高超的斗争艺术,强大的政治攻势,配合解放区粉碎了国民党顽固派发动的反共高潮,最终迫使国民党最高当局作出"以后再亦决无剿共的军事"的承诺,挽救了濒临破裂的国共合作大局。

崇高的思想境界,其次表现为重视学习、善于学习的光荣传统。南方局成立之初,就特别重视国民党统治区党组织的思想建设。由于红岩的同志来自五湖四海,文化知识千差万别。周恩来和南方局的领导同志们认识到只有英勇顽强的精神,没有文化也是不行的,必须提高干部、战士的文化和政治理论水平,这是抗日战争夺取胜利的必不可少的条件。1939年前后,南方局就将国民党统治区省委、特委一级领导干部及各级各系统负责人集中到红岩村,举办党员干部训练班,对他们进行系统的理想、信念和革命气节教育。要求各级领导干部"一要确定马列主义的世界观和革命的人生观;二要有坚持原则的精神;三要相信群众力量;四要有学习的精神;五要有坚韧的奋斗精神;六要有高度的纪律性"。为适应复杂的斗争形势,周恩来同志也反复要求各级党组织和党的干部要"通过文件、理论的学习,通过革命的实践,运用批评、自我批评的武器,提高党员的政治思想觉悟,锻炼革命的品质"①。在周恩来、董必武的督促、带动下,学习逐步成了红岩每位同志的自觉行为。他们牢记毛泽东的教导和周恩来为他们立下的学规,严格遵守组织上的安排,终于结出了丰实的硕果。后来,红岩的同志中走出了像经济学家许涤新那样闻名中外的专家。

崇高的思想境界,还表现为艰苦朴素、严于律己的道德修养。在国统区,与国民党花天酒地、纸醉金迷形成鲜明对比的是,南方局从最高领导到普通工作人员都奉行着自律、清贫、乐观、团结、友爱的工作和生活作风。1943年3月18日,是周恩来的45岁生日。南方局、办事处机关的同志特意准备了几道菜为他庆祝。周恩来被浓浓的同志情所感动,同时,也感到了一种深深的不安。他对前来请他赴宴的同志说,抗战建国大业尚未成功,作为一个共产党的领导人,唯有艰苦奋斗方能担当重任。现在党处于困难时期,同志们的生活很艰难,所以在这种情况下,他不能带这个头。之后,周恩来坚决而委婉地谢绝了同志们为他准备的生日宴,只让厨房做了一碗普通寿面,以表示对生日的纪

---

① 陈乃昌:《追随周恩来的岁月》,中央党校出版社1995年版,第106页。

念。就在这天晚上，周恩来写下了著名的《我的修养要则》：一、加紧学习，抓住中心，宁精勿杂，宁专勿多。二、努力工作，要有计划，有重点，有条理。三、习作合一，要注意时间、空间和条件，使之配合适当，要注意检讨和整理，要有发现和创造。四、要与自己的、他人的一切不正确的思想意识作原则上坚决的斗争。五、适当的发扬自己的长处，具体的纠正自己的短处。六、永远不与群众隔离，向群众学习，并帮助他们。过集体生活，注意调研，遵守纪律。七、健全自己身体，保持合理的规律生活，这是自我修养的物质基础。

（二）坚定的理想信念

对革命理想的无比忠贞、对共产主义事业必将胜利的坚定信念，是共产党人的精神支柱，也是南方局领导国民党统治区和沦陷区各级党组织艰苦奋斗、战胜一切困难和敌人、最终取得巨大历史功绩的力量源泉。

坚定的理想信念，表现为对党所领导的民族民主革命必定取得胜利的坚定信心和对共产主义的坚定信仰。皖南事变发生后，局势异常紧张，中共中央于1949年1月18日发出《关于皖南事变的指示》，认为国民党这一举动"已在准备着与我党破裂，这是七七抗战以来国民党第一次重大政治变化的表现"①。中共中央也紧急指示南方局"应立即设法借故返延"②。面对如此危局，周恩来、董必武等南方局领导人处变不惊，冷静地分析抗战全局和国共合作形势，判断国民党还不敢全面反共，经过斗争，还有可能将其留在抗日民族统一战线之内，要从最坏的可能准备，争取最好的结果。大家都认为，应该继续坚守重庆阵地，以争取时局的好转。周恩来表示：我要坚持到最后。南方局其他领导人亦都表示一定要留在重庆红岩坚守岗位，不到最后决不离开。南方局因此向中共中央反复陈述不能撤出的理由，最终，中共中央同意了南方局对时局的分析和继续坚守的意见，并提出"政治上全面攻势，军事上守势"的斗争策略。正是在革命必胜的坚定信心和共产主义理想的支撑下，南方局坚守重庆，坚持在危险环境和复杂形势下开展政治斗争，并逐步扭转了党所处的极端被动局面，赢得了政治上的主动，并且以此为标志实现了抗日民族统一战线内部阶级力量向有利于进步势力的方向转化，成为国民党政治力量的消解和共产党力量生长的转折点。

坚定的理想信念，表现为"出污泥而不染，同流而不合污"的政治本色。

---

① 《中共中央南方局大事记》，重庆出版社2004年版，第141页。
② 《中共中央南方局大事记》，重庆出版社2004年版，第142页。

军统电讯总台电讯处科员张蔚林，电讯总台领班、报务副主任冯传庆都是电台的骨干，他们处在国民党军统的这个秘密机关里，看到了太多的丑恶。受抗战民族精神的感召，受共产党坚持抗战、为民族利益奋斗的精神吸引，1939年10月在曾家岩50号，由叶剑英、曾希圣介绍，张蔚林、冯传庆加入了中国共产党。随后，他们又介绍了具有进步思想的军统电台报务员杨光、赵力耕、王席珍、陈国柱、安文元等人入党。至此，在军统这个所谓"固若金汤"的首脑机关里，有了第一批共产党员。他们深入敌人营垒，源源不断地将情报送到南方局军事组，甚至敌人的密码也被他们偷了出来。有时情况紧急来不及再往"周公馆"送，他们就利用敌人的电台直接把情报发向延安。他们就像安在敌人心脏的X光透视机，把敌人的一举一动都看了个通透。他们发回的情报，对于打退国民党顽固派掀起的第一次反共高潮起到了举足轻重的作用，被称为军统电台中的"红色电台"。后来，军统电讯总台遭到破坏，几乎瘫痪，停止收、发报，更换密码，武装特务封锁了进、出口，将所有人员挨个查问。张露萍、张蔚林、冯传庆、杨光、赵力耕、陈国柱、王席珍不幸被捕。经蒋介石批准，他们7人被钉上死镣，囚禁于白公馆监狱。1945年7月14日上午，7人被集体枪杀，最大的陈国柱33岁，张露萍才24岁。"出污泥而不染，同流而不合污"，这是以周恩来为首的南方局及其领导下的革命志士在恶劣艰险的政治环境中与国民党反动派作斗争的一个战斗原则和显著特点。处在国统区的南方局的负责同志，都是以中共代表或国民参政员的公开身份同国民党的中央当局打交道。他们面对敌人的各种方式、各种手段，在尖锐复杂的斗争中保持"荷花出于污泥而亭亭玉立"的精神气度，与国民党保持国共第二次合作局面，维护抗日民族统一战线，为在国民党统治区形成第二条战线奠定了基础，并为解放战争胜利和新中国建立创造了有利条件。

（三）巨大的人格力量

巨大的人格力量，表现为共产党人海纳百川的宽阔胸怀和襟怀坦荡的民主精神。半殖民地半封建社会的社会性质决定了中国革命必须最大限度地凝聚抗战民主力量，争取中间势力，团结广大群众。1940年，在打退国民党发动的第一次反共高潮后，中国共产党对统一战线工作，特别是对国民党统治区的统一战线工作进行了系统的总结和部署。周恩来在认真总结南方局贯彻中共中央关于"发展进步势力，争取中间势力，孤立顽固势力"统一战线策略总方针的基础上，结合国民党统治区统一战线实际，提出扶持进步团体，照顾小党派利益，进行民主运动，广泛争取国民党民主派，团结争取中间党派和民族资产阶级等一系列统一战线新政策。在共产党人的努力下，宋庆龄发起组织的保卫中国同盟成为中国抗日民族统一战线与国际反法西斯统一战线的桥梁和纽带；由国民党内民主知识分子组成的中国国民党民主同志联合会（后定名为三民主义同志联合会，简称民联）也于1945年10月在重庆特园成立，成为共产党的亲密盟友；中国青年党、中国国家社会党、第三党和中华职业教育促进社、乡村建设派、全国各界救国联合会等中间党派也都与中共建立了密切合作关系；国统区民族工商界也纷纷参与民主宪政运动，并积极为抗战后方提供各种物资供应，逐步向共产党靠拢，最终走向人民的阵营。

巨大的人格力量，表现为视死如归、大义凛然的无畏精神。1941年1月，叶挺将军因国民党顽固派蓄意制造的"皖南事变"而身陷狱中，以壮岁之年的大好年华，在国民党的狱中度过了5个年头。国民党一度以高官厚禄诱惑叶挺将军，只要他答应，便可以立刻获得自由，从"阶下囚"变成万人簇拥的"人上人"。然而这一切都遭到叶挺将军的断然拒绝。就在重庆歌乐山下蒋家院子的秘密囚室里，叶挺以一首豪气万丈、响彻云霄的《囚歌》，发出了一个革命者渴望自由的心灵呐喊："我渴望自由，但我深深地知道——人的身躯怎能从狗的洞子里爬出！我希望有一天，地下的烈火，将我连这活棺材一起烧掉，我应该在烈火与热血中得到永生！" 1948年6月14日，因叛徒出卖，江竹筠不幸在万县被捕。在敌人的审讯室里，江竹筠以无比的坚贞和钢铁般的意志，使敌特的几十套刑罚形如虚设，她始终没有说出半句敌人想知道的线索。江竹筠在敌人面前所表现出来的视死如归、大义凛然的无畏精神和巨大人格力量，鼓舞了渣滓洞监狱的每一位难友。1949年11月14日，江竹筠被以转移为名押出渣滓洞监狱，在刑场上壮烈牺牲。

巨大的人格力量，表现为顾全大局、公而忘私的高风亮节。1941年1月"皖南事变"发生，国民党顽固派将反共高潮推向了顶点。南方局决定转移一些工作较暴露的人员、地下党负责人以及有危险的党外朋友撤回延安或安全疏散去异地。在周恩来的亲自运筹下，此项工作由钱之光具体实施。一次，一批确定撤回延安的同志手续已经办好，第二天就要出发，其中就有钱之光的夫人——身怀六甲的边爱莲。然而，就在边爱莲要起程的前一夜，临时出现了紧急情况。一位从事地下重要工作的党员因暴露急需撤退，否则，很可能发生不测。面对突如其来的难题，钱之光望着犯难的周恩来坚定而平静地说："就让那位暴露的同志顶替边爱莲的名字，先撤退吧！"第二天清晨，当钱之光亲自送那位顶替的同志踏上行程的时候，他的妻子却因在一家医院待产感染了病毒。更让钱之光万万想不到的是，爱妻此去竟成与他的永别。同志们永远怀念着边爱莲，更为钱之光顾全大局、公而忘私的高风亮节所感动、所激励。

（四）浩然的革命正气

浩然的革命正气，是在国统区特定环境中，以周恩来为代表的共产党人崇高思想境界、坚定理想信念的精神外化。战斗在国统区的共产党人和革命战士，在革命顺利时，不骄不躁，甘于奉献；当暗流袭来时，不灰心气馁，敢于牺牲；即使不幸被捕，深陷囹圄，也能威武不屈，以"热血似潮水般奔腾，心志似铁石坚贞"捍卫真理，以"只要一息尚存，誓为真理而抗争"的大义凛然笑对屠刀。1941年1月，国民党顽固派一手制造了反共的"鄂西事件"，南方局领导下的中共鄂西特委书记何功伟不幸被捕。年仅26岁、才华横溢的何功伟拒绝了国民党的高官厚禄、出国留学和美色的诱惑，毅然选择了为真理献身。1947年2月28日凌晨，中共四川省委机关被国民党特务包围。吴玉章作为中共四川省委书记临危不惧，痛斥国民党特务，并致电在南京的国民政府军委会重庆行营主任张群，声明共产党立场，最后保证了所有人员的安全撤离。在经历了"《挺进报》事件"和叛徒的出卖后，重庆和川东地区党组织遭到了重大破坏，造成了133人被捕的惨重损失，他们大部分被关押在白公馆、渣滓洞监狱，他们认识到领导人叛变和组织大破坏的根本原因是革命堡垒内部出了问题。罗广斌在1949年11月27日夜的大屠杀中脱险，在25天内以最快的速度追记、整理狱中同志们的意见，奋笔疾书，写成两万多字的《重庆党组织破坏经过和狱中情形的报告》，交给中共重庆市委。在报告第七部分"狱中意见"中，罗广斌着重归纳了狱中同志们血和泪的嘱托和对党所寄予的希望，列举了八条建议："一、防止领导成员腐化；二、加强党内教育和实际斗争的锻炼；三、不要理想主义，对上级也不要迷信；四、注意路线问题，不要从右跳到'左'；五、切勿轻视敌人；六、注意党员特别是领导干部的经济、恋爱和生活作风问题；七、严格进行整党整风；八、惩办叛徒、特务。""狱中意见"是革命志士对党的最后嘱托，对曲折革命斗争的痛切反思。他们以青春、热血的付出展现了共产党人的浩然革命正气，以凤凰涅槃般的绚烂赋予了红岩精神更加深邃的历史内涵。

三、红岩精神的育人价值

我们今天研究红岩精神，根本的目的在于从对红岩精神的研究中获得思想启迪,以推进社会主义精神文明建设,服务于社会主义现代化建设的建设者和接班人的培养。这就要求我们对红岩精神育人的情况作出历史考察。

(一) 红岩精神育人的历史考察

在半个多世纪以前,在中华民族的危急关头,周恩来率领一大批优秀共产党人,抖落黄土高坡的尘土,作别秦淮河畔的桨声,带着楚天湘水的烽烟,走进雾都——重庆。从此,他们扎根嘉陵江畔,结庐红岩村内,栉风沐雨,宵衣旰食,英勇无畏地顶逆流、历艰辛,领导整个大后方的人民进行了八年艰苦卓绝的斗争,一直战斗到抗日战争取得最后胜利。在恶劣的政治环境中,周恩来、董必武、叶剑英、吴玉章、邓颖超等老一辈无产阶级革命家,率领国统区的广大军民坚定地、创造性地贯彻执行党中央的正确路线和方针、政策,从而形成了鲜明的人格精神,成为抗日人民群众、抗日志士的精神支柱。正是这种人格精神形成和造就了红岩精神。以周恩来为首的老一辈无产阶级革命家,他们既是红岩精神的缔造者,同时,他们又是红岩精神培育出来的第一代杰出人物。

解放战争时期,作为红岩村的后继者——一大批党的优秀儿女不惧国民党的白色恐怖和垂死前的淫威,与反动派展开了殊死的斗争。特别是以江竹筠、许晓轩等为代表的共产党人"宁可站着死,也不跪着生",含着热泪绣红旗,在共和国的旗帜已高高飘扬在天安门上空的时候,怀着对共和国的无限的热爱和深深的眷恋,凛然屹立于敌人的屠刀面前。正像革命烈士陈然在《我的"自白书"》中的慷慨高歌:"人不能低下高贵的头,只有怕死鬼才乞求'自由',毒刑拷打算得了什么?死亡也无法叫我开口!对着死亡我放声大笑,魔鬼的宫殿在笑声中动摇;这就是我——一个共产党员的自白,高唱凯歌埋葬蒋家王朝。"① 红岩精神就是对党、对国家、对人民、对理想、对信念的无限忠诚,是一种最壮烈、最伟大的人格精神。红岩精神培育出了一大批英雄人物,歌乐山的烈士们正是在红岩精神的鼓舞下,为了伟大的共产主义事业,为新中国的诞生奉献了鲜血和生命。

在历史跨入一个新世纪的时候,红岩精神对我们振兴中华,使中华民族在21世纪抢占发展的制高点具有重大的现实意义。现在,社会主义市场经济正日益走向深入,在建设物质文明和精神文明的过程中,我们取得了丰硕的成

---

① 《白公馆、渣滓洞革命烈士诗抄》,四川大学出版社1996年版,第4~5页

果。但与此同时,我们还必须清醒地认识到,建设中国特色的社会主义不是一蹴而就的事情,在我们前进的道路上,有鲜花也有荆棘,有成功也有曲折,如何清除障碍,保障社会主义市场经济的健康发展就成为摆在新时期中国共产党人面前的一大严峻的课题。特别是目前,在坚持经济建设这个中心的同时,如何加强社会主义精神文明建设已成为一个亟待解决的问题。1996年8月下旬和9月上旬在中国革命历史博物馆举办的《红岩魂——白公馆、渣滓洞革命烈士斗争展览》场面火爆。"红岩魂"展览在20世纪90年代还能引起人民群众如此强烈的共鸣,并不是偶然现象。展览也再一次向历史昭示:推动社会主义市场经济巨轮前进,要有高尚的人格力量和正确的精神支柱,爱国主义旗帜和共产主义理想要始终飘扬在时代的列车上。当然,我们弘扬红岩精神,仅仅靠举办一两个展览是绝对不够的,而是要将红岩精神切实地落到实处,真正领会和把握其精神实质和精髓。虽然目前我们面临的任务与产生红岩精神的时代不同了,但红岩精神的实质并未过时,它仍然是我们建设社会主义现代化的强大精神动力,具有永恒的生命力。

(二)红岩精神的育人启示

作为在一个特定的时空中萌生、发展并形成的红岩精神之所以在不同的历史时期,面对着不同的主体和客体仍能放射出炫目的精神之光,而其根本原因在于:这种精神蕴含了人世间的真——对理想信念,对党和人民的忠诚,对真理的不懈追求;善——头可断,血可流的悲壮美,坚贞不屈的崇高美。而这种真善美跨越了时空,是人类从自由王国走向必然王国的本质性力量,因而,蕴涵了这种本质力量的红岩精神才能从其特定的时空中升华出来,成为人们永恒的精神需求。

从红岩精神育人的历史考察中,从红岩精神走出红岩村、走出重庆,从红岩精神成为我们永恒的精神财富的历程中,我们领悟到了精神对于即将跨入新世纪的中国和中国人民的三点启示。

1. 精神是立人立国之本——关于精神的认识论

红岩村的革命者之所以能临危受命、临险不惧、临难不苟,支撑他们的不是锦衣轻裘、高官厚禄,而是一腔热血、一缕忠魂。江竹筠、许云峰等红岩村的后继者之所以能面对屠刀而放声高唱,在革命胜利的前夜昂然走向刑场,不是因为他(她)们有着钢铁般的身躯,而是因为他(她)们有着钢铁般的意志。这是一种对理想、信念的执著,是对真、善、美的坚贞的追求。

由此，我们不得不思索这样一个非常具有现实性的问题：革命时期，精神的力量使我们无坚不摧，从而使我们用强大的精神加弱小的物质战胜了强大的物质加空虚的精神的貌似不可一世的敌人；那么，在和平建设时期，在我们的物质也变得越来越丰富的时候，精神还具有着那神奇的力量吗？

其实，革命导师早已为我们给出了正确的答案。列宁曾指出，要用马列主义、共产主义思想来教育无产阶级，要向他们灌输革命道理，只有这样，才能战胜"经济派"的挑战。毛泽东曾反复告诫全党全国人民，人是要有一点精神的。邓小平针对改革开放过程中出现的一些消极腐败现象，指出，要进行艰苦奋斗等党的优良传统教育，首先要从思想上、精神上管住。江泽民也指出，要大力加强社会主义精神文明建设。胡锦涛总书记也强调，要坚持社会主义先进文化前进方向，兴起社会主义文化建设新高潮。由此可见，塑造精神、弘扬精神并不会随着时间、条件、环境的改变而改变，精神永远是做一个脱离了低级趣味的高尚的人和一个国家、民族、政党走向辉煌的根本。

然而，在社会主义建设实践中，对于精神的认识问题曾出现过偏差。一方面是对"生产力标准"庸俗化，忘记了精神对于社会发展和民族进步的价值。由于"文化大革命"中，林彪、"四人帮"将精神问题绝对化、庸俗化，鼓吹"人有多大胆，地有多大产"，"不怕做不到，只怕想不到"，割裂精神与物质的关系，从而给社会主义建设事业带来了灾难性的后果。由此一些同志又从一个极端走到另一个极端，没有把"生产力标准"看成一个物质与精神的综合评判体系，而是完全等同于经济指标，凡事只问经济后果（或经济利益），而不问社会的全面进步。特别是在工作中，将人的思想政治教育等精神问题虚化，从而形成"说起来重要，干起来次要，忙起来不要"的局面，从而最终导致了精神与物质两翼发展的失衡，造成了一些单位、地区思想涣散、人心浮动、社会不稳定的严重局面。另一方面是故意贬低精神的作用。有一段时间，对于党中央加强爱国主义、社会主义教育和精神文明建设，有的人出于各种不同的动机，认为这样做会影响经济建设，会冲淡经济建设这个中心，甚至认为这是一种倒退。事实上，这正是党中央为了保证和促进国民经济和社会快速健康发展而采用的断然措施。邓小平曾说，我们的物质文明这一手搞得相当有成绩，但是如果精神问题搞不好，社会风气上不去，那物质文明建设又有什么意义。当前，党员领导干部腐败问题屡禁不止，甚至出现在党内高级领导干部身上，其根本原因，不是我们的物质生产退步了，而是我们的精神生产退步了，许多人革命意志消沉，精神萎靡不振，最终陷进了物质的泥淖。故而，从红岩精神所释放出的巨大的物质性力量看，我们必须对精神问题坚持这样的认识论——一切从精神价值的客观实在出发，既不将其绝对化，又不可以否定，只有这样，我们才会真正将精神作为我们的立国之本。

2. 精神效应的机制和氛围——关于精神的实践论

不可否认，目前之所以在精神方面出现偏差，在很大程度上，与我们尚未建立起一种精神效应的机制和氛围有很大的关系。

红岩精神之所以哺育了以周恩来为核心的红岩村人，与当时的中共南方局方面形成的良性运行的精神效应的机制关系重大。这种机制就是通过思想政治工作鼓舞人、教育人，而被教育武装起来的人又通过自己的模范言行来带动人、影响人。当时，周恩来在领导国统区的广大人民进行民族革命实践的同时，从未放松过思想政治工作。他认为："政治力量超过了敌人，提高了战斗力，保障了军队本身及军队与人民的团结。"他非常强调政治工作的重要性。关于思想政治工作的作用和目的，周恩来在《抗战军队的政治工作》一文中说过："政治工作原是以革命主义、革命纲领来团结和联系军与民，官与兵的。"① "革命军队的政治工作的基本目的，是提高革命军队的战斗力，保证战争的胜利，是使军队本身团结起来，军队与人民团结起来。"② 周恩来指出思想政治原则要强调实事求是。他认为，思想政治工作要从本地区、本单位的实际情况出发，并使之真正落到实处。他还特别强调思想政治工作方法应采取说服教育，以理服人，真正从思想上使人提高认识，解决问题。他说，我们要循循善诱，使人心悦诚服。同时，他对思想政治工作者也提出了严格的要求。"政治工作人员本身必须在思想上政治上行动上能够做全体官兵的模范。"③ 他指出，政治工作人员还要善于学习，古今中外好的东西都要学，不要排斥。在多方面提高自己的理论水平和修养。正是由于有了这种机制，红岩村人才通过自己的实践创立了光辉千古的红岩精神。

在当前精神工作的实践中，我们往往陷入这样一个怪圈：倡导精神问题的重要（用文件、决议、讲话体现）——实践中适于空谈（表现为人员、职责、检测等不落实）——再次倡导其重要——再次适于空谈。为此，要让精神实践真正发挥巨大的价值，必须营造氛围和建设机制。

---

① 《周恩来选集》上卷，人民出版社1985年版，第93页。
② 《周恩来选集》上卷，人民出版社1985年版，第94页。
③ 《周恩来选集》上卷，人民出版社1985年版，第95页。

其一，着力营造精神场。"场"是一个物理学中的概念，这里主要是指营建一种浓烈的精神氛围，这种氛围虽然看不见，但可以被感觉，进入这种"精神场"中的群体和个体受到熏陶，最后潜移默化，使自己的人生观、价值观、世界观得到深刻的改造。白公馆、渣滓洞中的共产党人之所以坚贞不屈，除了他们对党和人民的赤胆忠心外，一个很重要的因素，就是他们虽然被关押在人间地狱，但由于共产党人的无私无畏，这里却充满了英雄主义的浩然正气，而这种凛然正气又进一步激励、鼓舞了难友们的斗志，使他们粉碎了敌人的图谋，在精神上战胜了强大的敌人。在迈向新世纪的征程中，营造这种"精神场"，就是使全体人民"有理想、有道德、有文化、有纪律"，认识精神高于人的价值，从而仰慕并追求的价值，最终使这种精神的力量充盈于广袤的天宇间，并通过这种无所不在的力量去熏陶人、感染人、教育人、改造人。

其二，建构良性的运行机制。精神大厦的建构有必要借鉴物质文明建设的成功经验，营造起精神性的——物质性的——精神性的循环反复的运行轨迹。即将精神性的追求、目标、理念外化为可以操作，可以检测的量化指标体系，做到目标——人员——工作——检测的层层落实，最后产生螺旋性的上升，使精神跃升到一个更高的境界。

3. 精神价值的最大实现——关于精神的方法论

要实现精神的最大价值，在端正了对精神的正确认识，建立与营造了发挥精神价值的机制与氛围外，还必须掌握精神展现其力量和价值的方法。

首先，精神不能脱离客观现实，成为一种抽象的光环。回溯红岩精神的育人历史，我们可以发现，只有当这种精神与火热的改造客观世界和主观世界的实践紧密相联时，这种精神才会闪现耀眼的光芒。在当前的实践活动中，我们往往在有意无意之间，让精神游离于经济、政治、文化等实践之外，处于虚无缥渺之中，结果让精神与物质变成了两张皮，而不是一个有机联系着的整体，最终损害了精神的价值，让人们对精神敬而远之。为此，我们必须将精神与客观现实紧密联系起来，让精神渗透于社会的经济、政治、文化之中。具体来说，在我们制定社会的经济、政治、文化发展的宏伟规划时，精神不是作为一个自在物孤立地存在着，而是在经济、政治、文化等庞大体系中到处可以看到的清晰的身影。只有精神融入了物质性的存在之中，那么精神才有了立足之处，而物质性的存在也就具有了灵魂。

其次，精神要掌握大众，就必须和大众息息相通。红岩精神为什么孕育了一代又一代的革命者和建设者，那是因为这种精神成为了人们修身养性，投身革命的必须。人之所以为人，在于人具有了丰富的内心世界和对精神的孜孜追求。《红岩魂》之所以能打动20世纪90年代的中国人，那是因为人们渴盼真、善、美的精神，渴盼着理想和信念的支撑，而《红岩魂》所展示的那种崇高、壮美、坚定和执著正是人们一度失落了的，而在今天又要寻找回来的精神世界。由此可见，精神要想掌握大众，就不能凌驾于大众之上，而必须和大众息息相关，而这也就是我们关于充分发挥精神价值的方法论。在历史向新世纪迈进的征程中，在曾经诞生过红岩精神的这块神奇的热土上，我们坚信，有着共同理想和坚定的精神支柱的人民，一定能再谱一曲21世纪的精神之歌。

第七章

延安培育：延安精神

延安精神是以毛泽东为核心的党的领导集体，把马克思主义同中国革命实践相结合，吸纳中华民族传统文化精华，继承党在长期斗争实践中形成的优良传统和作风，经过精心培育和客观环境的打造而形成的革命精神。延安精神是中国共产党人思想意识、政治品格、道德情操、精神风貌的集中反映，是中国共产党的理论、路线、方针、政策和工作作风的集中体现。延安精神是毛泽东思想的重要组成部分，是中国共产党和中国人民的宝贵精神财富。

一、延安精神的形成发展

延安精神的形成不仅有特定的时代背景和国际国内条件，并且经历了一个具体的历史过程，对这些问题展开分析是科学把握延安精神的基本前提。

（一）延安精神形成和发展的时代背景

延安精神是在多种条件和因素的作用下形成和发展的。国际上，20 世纪30 年代，第二次世界大战爆发，国际法西斯势力异常猖獗。德国法西斯席卷欧洲，并于 1941 年 6 月 22 日袭击苏联，引发苏德战争；日本帝国主义在占领东亚和东南亚大部分地区后，1941 年 12 月 7 日偷袭珍珠港，导致太平洋战争爆发。在国内，王明"左"倾机会主义错误给党的组织和根据地的革命力量造成巨大损失，中央红军第五次反围剿失败，被迫长征。1935 年 1 月 15～17 日中共中央在贵州遵义举行政治局扩大会议，从组织上和军事上纠正了王明"左"倾机会主义错误，确立了毛泽东在党和军事上的领导地位。在正确的军事路线和组织路线指引下，中央红军冲破了国民党数十万军队的围追堵截，历尽艰辛，行程二万五千里，于 1935 年 10 月 19 日到达陕北吴起镇，与陕北红军和先期到达的红 25 军会师。1936 年 10 月，红军三大主力会师甘肃会宁和静宁地区,宣告红军长征胜利结束。三大主力红军的到达,使陕北革命根据地得以壮大成为领导全国革命的根据地。二十世纪三四十年代是中华民族空前困难时期。日本帝国主义发动"九一八"事变,侵占东三省,入侵华北,民族矛盾上升为主要矛盾。毛泽东指出:"目前形势的基本点,就是日本帝国主义要变中国为它的殖民地。"①"党的基本任务是什么呢?不是别的,就是建立广泛的民族革命统一战线。"② 中国共产党站在国家和民族利益的高度,毅然向全国发出"停止内战,一致抗日"的呼吁,促成了"西安事变"的和平解决和全国抗日统一战线的建立。抗日战争进入相持阶段后,日本帝国主义为对抗英美,加紧了对中国资源的掠夺和绥靖政策,对占领区推行"治安强化"运动,实行军事、政治、经济、文化相结合的"总力战";对抗日革命根据地进行"扫荡"、"蚕食",实行野蛮的"三光"政策,甚至施放毒气和进行细菌战,制造"人畜不留、庐舍为墟"的无人区。同时,国民党顽固派以数十万军队对陕甘宁边区实施军事、经济封锁,断绝了边区的一切外援。华北各地此时期又连年发生自然灾害,地处边远、气候干燥、土地贫瘠的陕甘宁边区和敌后抗日革命根据地陷入极度困境,物质极度匮乏。八路军由40万人减员到30万人,根据地面积缩小,总人口由1亿多人减少到5000万人。毛泽东在谈到当时的困难处境时说:"我们曾经弄到几乎没有衣穿、没有油吃、没有纸、没有菜、战士没有鞋袜、工作人员在冬天没有被盖……我们的困难真是大极了。"③

正是这种内外交困的艰难环境,激发了中国共产党人的革命斗志和不畏艰难、敢于胜利的英勇气概,在延安这片神奇的土地上,在革命斗争的实践中形成了宝贵的精神财富。

(二)延安精神形成和发展的过程

延安精神的形成和发展过程大致经历了三个阶段:一是大生产运动阶段,二是抗大精神和延安县精神形成阶段,三是整风运动阶段。

1. 大生产运动阶段

抗日战争进入相持阶段后,边区和抗日根据地处于极困难时期。1939年2

---

① 《毛泽东选集》第1卷,人民出版社1991年版,第142页。
② 《毛泽东选集》第1卷,人民出版社1991年版,第152页。
③ 《毛泽东选集》第3卷,人民出版社1991年版,第893页。

月,毛泽东在延安生产动员大会上针对越来越困难的局面,尖锐地指出:"是饿死呢?解散呢?还是自己动手呢?饿死是没有一个人赞成的,解散也是没有一个人赞成的,还是自己动手吧,这就是我们的回答。"1939年5月20日,毛泽东在延安在职干部动员大会上强调"生产运动"和"学习运动"都有普遍意义和永久意义。1939年12月,在延安召开的干部生产动员大会上,毛泽东代表党中央发出"自己动手,自力更生,艰苦奋斗,克服困难"的号召。在党中央领导下,从1939年起,陕甘宁边区的军民率先开展了轰轰烈烈的大生产运动。1940年2月10日,中央军委向全军发出指示,要求各部队按不同情况开展生产运动,做到一面战斗,一面生产,一面学习。同时党中央在政策上作了开拓性调整,极大地调动了各方面的积极性,使大生产运动迅速而蓬勃地开展起来。

在大生产运动中,从党的领袖到普通士兵,人人争先恐后,积极参加。毛泽东、朱德在分给他们的地里种了许多蔬菜,播种施肥除草亲自干;周恩来、任弼时被评为纺线能手。359旅奉命屯垦荒无人烟、荆棘丛生的南泥湾。经过几年的艰苦奋斗,他们取得了辉煌的成绩:1943年屯荒10万亩,收细粮12000石,做到粮食、被服、蔬菜、经费全部自给;1944年,除了自给,还上交政府细粮10000石,实现人均生产细粮6石1斗,1人1只羊,2人1头猪,10人1头牛的计划。部队、机关的行动带动了广大农村的大生产运动。边区广大农民热烈响应党中央关于"组织起来"的伟大号召,组织了变工队、互助组和合作社,积极投入垦荒生产,开展劳动竞赛,涌现了延安县等许多先进单位和大批劳动模范。

大生产运动取得了丰硕的成果。陕甘宁边区从1939年起,当年开荒2500多亩,到1940年开荒200680亩,1941年开荒1.74万亩。1943年陕甘宁部队种地达21.5万亩,产粮3万多石,蔬菜2300多万斤;1944年种地83万亩,产量9万多石。1944年边区粮产达27500万公斤,1945年产棉150万公斤。①1945年边区耕地面积增长了79.4%,粮食和农产品已全部自给或基本自给。此外,纺织、炼铁、炼油、机械制造、军工得到飞速发展,纸张、石油、煤炭、棉布等工业品实现自给或半自给。②

大生产运动挫败了日本帝国主义和国民党顽固派妄图困死和消灭边区和

---

① 中共湖北省委党校课题组:《延安精神》,武汉理工大学出版社2001年版,第338页。
② 李耀萍:《试论延安精神及其产生》,《延安大学学报》(社会科学版),1994年1期。

抗日革命根据地军民的阴谋,锻炼了干部,密切了军政、军民、干群关系,为抗日战争和解放战争的胜利奠定了坚实的物质基础。同时,大生产运动为延安精神的形成提供了广泛的实践基础。运动中所体现的"独立自主、自力更生、艰苦奋斗"的革命精神、对革命理想一往无前地追求和为发展生产力而调整相关政策的实事求是的思想和作风,构成了延安精神的重要内容。

2. 抗大精神和延安县精神阶段

抗战之初,为了培养抗日干部,边区办了50多所干部学校。1937年春,"抗日红军大学"更名为"中国人民抗日军事政治大学",简称"抗大"。抗大的宗旨是培育抗日的军事、政治领导干部,教育原则是"抗日高于一切,一切服从抗日"。1938年4月9日,毛泽东在抗大第四期第三大队开学典礼上指出:"你们在这里要学到坚定的政治方向,艰苦朴素的工作作风,加上灵活机动的战略战术。有了这三样东西,我们便能够最后战败敌人。"① 1939年5月26日,在纪念抗大成立三周年时,毛泽东将以上三点作为抗大的教育方针进一步明确。抗大先后办了8期,创办了10个分校。在八年抗战中,共培养政治、军事、经济等多方面的德才兼备的革命干部近20万人,为民族解放事业作出了不朽的贡献。

抗大办学育人成功的经验主要有两条:一是把坚定正确的政治方向放在首位,这是抗大教育成功的灵魂;二是艰苦奋斗的工作作风,这是抗大教育成功的保障。实践证明,抗大培养的干部政治立场坚定,思想作风过硬,能经受住战争和政治风雨的严峻考验。他们之所以能够在复杂和困难的环境中不迷航,不动摇,最根本的原因是他们在抗大奠定了牢固的思想基础,养成了高尚的精神品格。抗大的成功经验,铸就熠熠生辉的抗大精神,为延安精神的形成提供了丰富的精神养料。

延安县精神是延安精神的原生形态和重要标志。毛泽东在陕甘宁地区高干会议上所作的《经济问题和财政问题》报告中,充分肯定了延安县的工作,高度赞扬了他们的精神"完全是布尔什维克的精神",并对这种精神的主要内容作了具体的概括和阐述:"他们完全不怕困难,他们像生龙活虎一般能征服一切困难。在这种精神下,延安同志们没有一件事不是实事求是的","他们完全和群众打成一片,他们有很好的调查研究工作","他们完全没有主观主

---

① 《毛泽东文集》第2卷,人民出版社1993年版,第117页。

义、宗派主义和党八股","他们对于他们所领导的延安县人民群众的情绪、要求及各种具体情况是充分了解的","充满负责精神","没有丝毫的消极情绪","用尽全力替农民谋利益,使农民很快地富足起来","他们能够根据群众需要,创造生动的办法,解决群众的问题"。① 毛泽东对延安县精神的高度概括和具体阐述,凝练出延安精神的主要内容,铸就了延安精神雏形,为其成熟奠定了理性基础。

3. 整风运动阶段

延安精神是在与党内的主观主义的斗争中形成和发展起来的。遵义会议结束了王明"左"倾机会主义在组织和军事上的统治,但尚未从思想上彻底清算。1940年3月,王明又在延安第三次出版他的《为中共更加布尔什维克化而斗争》,他在序言中说:"延安各学校学习党史尤其需要这种材料。"这说明教条主义仍有市场,马克思主义同中国革命实践相结合的正确观点尚未被全党理解和接受。此外,党内存在的非无产阶级思想影响了党的完全统一,不利于党对抗日战争的领导;革命形势的发展也需要党加强自身建设,提高马克思主义水平,从而更加有效地团结全国各族人民,夺取抗日战争胜利。因此,进行整风运动,从政治上、思想上、组织上彻底清除王明的"左"倾错误在党内的影响,为党的七大的召开做好准备显得非常必要。

1942年,党中央决定,在开展大生产运动的同时,抽调各根据地负责干部和选出代表集中在延安中共中央党校进行整风学习。整风的基本内容是"反对主观主义以整顿学风,反对宗派主义以整顿党风,反对党八股以整顿文风"②。反对主观主义是中心内容。主观主义的根本特征是理论与实际相脱离,主观与客观相分离,它是党内反复出现的"左"倾和右倾错误的思想基础。整顿"三风"就是要在全党树立一切从实际出发、理论联系实际、实事求是的马克思主义思想作风。

在延安整风运动中,毛泽东、周恩来、刘少奇、陈云等先后发表了《改造我们的学习》、《整顿党的作风》、《反对党八股》、《论共产党员的修养》、《论怎样做一个共产党员》等重要整风学习文章。延安整风通过学习党的斗争史和毛泽东等领导人关于中国革命的理论,用马克思主义的思想方法去研究和总结党的经验教训,着重批判了理论脱离实际的主观主义,澄清了党内存在的

---

① 《毛泽东文集》第2卷,人民出版社1993年版,第458页。
② 《毛泽东选集》第3卷,人民出版社1991年版,第812页。

"左"、右倾机会主义错误,形成了实事求是的思想路线和党的优良作风,通过了《关于若干历史问题的决议》,使全党在马克思主义的基础上达到空前的团结和统一,解决了中国革命问题的道路问题。延安整风极大地丰富了延安精神的内容,促进了延安精神的成熟。

(三) 延安精神形成发展的思想渊源

延安精神的形成有着深厚的思想渊源,中国化马克思主义理论的指导,井冈山精神和长征精神的升华,民族精神的有力弘扬,都是延安精神形成的重要条件。

1. 中国化马克思主义理论的指导

毛泽东思想是发展与完善着的中国化的马克思主义,它萌芽于20世纪初期,形成于土地革命时期,其科学概念和科学系统的完整形成和成熟是在抗日战争的延安时期。在延安时期,毛泽东曾一再告诫全党必须把马克思主义的普遍真理同中国革命的具体实践相结合,坚决反对离开中国特点来谈马克思主义,并深刻指出"使马克思主义在中国具体化,使之在其每一表现中带着必须有的中国特性,即是说,按照中国的特点去应用它,成为全党亟待了解并亟待解决的问题"①。毛泽东的论述强调了要使马克思主义的普遍真理同中国革命实际相结合,这样马克思主义才能成为指导中国革命战斗的武器和行动的指南。这里强调的"实际",就是指要有"中国的特性",要按照"中国的特点",具有"中国的民族形式",这是马克思主义中国化的基本要求和基本特点。在延安整风运动中,以马克思主义普遍真理同中国革命实际相结合为本质特征的毛泽东思想被确定为全党的指导思想。党的七大将毛泽东思想写进了党章,确认了毛泽东思想在全党的指导地位。

毛泽东思想为延安精神的成熟提供了深厚的思想理论基础。当延安精神还处于实际工作中的"原生雏形"——延安县同志们的精神时,毛泽东敏锐地发现了它,并及时地将延安县同志们在实际工作表现出来的作风和精神予以理性概括,提升为"为人民服务"、"实事求是"、"自力更生、艰苦奋斗"的精神,肯定他们的精神完全是布尔什维克精神。在毛泽东的重视和引导下,延安精神迅速从零散到系统,从"雏形"到完整,发展成为延安时期中国共产党具有品格形态特征的宝贵的精神财富。由此可见,毛泽东思想不但指导了延安

----

① 《毛泽东选集》第2卷,人民出版社1991年版,第500页。

的军政工作,也是延安精神坚实的思想理论基础。

2. 井冈山精神和长征精神的升华

革命精神是革命实践活动理性化的稳定的外在表现,延安精神正是如此,它是中国共产党人在一系列艰苦卓绝的革命斗争实践中逐渐形成、发展和完善的。井冈山精神、长征精神是延安精神的先导,为延安精神的形成奠定了直接的思想品格基础,而延安精神的形成则是井冈山精神和长征精神的继承、发展和升华。

井冈山精神是在井冈山革命根据地的斗争实践中形成的革命精神。井冈山斗争的革命信念的坚定性,依靠群众、发动群众的群众路线,党内民主生活制度,官兵一致、物质分配大致平均的同甘共苦、艰苦奋斗精神和为保护人民利益而严格执行"三大纪律八项注意"的作风,为延安精神的形成奠定了深厚的实践基础。长征途中,正是凭着对共产主义理想的执著追求,凭着崇高的爱国主义精神和在井冈山斗争中磨砺出艰苦奋斗精神,广大红军指战员不怕困难,不怕牺牲,百折不挠,一往无前,以大无畏的革命精神和艰苦卓绝的奋战,击退数十万敌军的围追堵截,战胜无尽艰难险阻,取得了长征的伟大胜利。不言而喻,红军长征中表现出的敢于斗争,敢于胜利的革命精神,为延安精神的形成奠定了基础。

3. 民族精神的有力弘扬

延安精神是中华民族几千年来的民族精神的继承和升华。在延安时期,以毛泽东为代表的中国共产党人,用马克思主义理论作指导,发扬中华民族的优良传统,并与中国共产党在各个革命时期形成的革命精神相融合,从而形成了推动中国革命走向胜利的延安精神。

"民为邦本"的思想是中华民族一以贯之的传统。殷周之际,有"重我民,罔不唯民之承"、"施实德于民"之说,孔孟主张"富民教民"、"民为贵,社稷次之,君为轻"。毛泽东继承和升华了"民为邦本"的思想,在《为争取千百万群众进入抗日统一战线而斗争》、《为人民服务》、《愚公移山》等著作中,把"为人民服务"的观念作为伦理思想和道德哲学准则及处理个人与社会相互间利益关系的标准,要求共产党人"完全彻底"地为人民的利益坚持好的,改正错的,全心全意为人民服务。延安时期,中国共产党的领袖们从"修身"到"治国"的民族传统中吸取精华,在自我修养上为全党全军作出表率,使边区出现了世人称颂的"只见公仆不见官"的良好局面。而为拯救民族于危亡中,中国共产党放弃党派恩怨,高举爱国主义旗帜,坚持抗日救国的政治方向,向全国发出通告,昭示中国共产党抗战到底的决心,这是"天下兴亡,匹夫有责"、"苟利国家生死以,岂因祸福趋避之"、"求仁"、"取义"等中华民族的优良传统的继承和弘扬。

延安精神实事求是的思想路线,是对"知之为知之,不知为不知"、"与时迁移,应物变化"、"修学好古,实事求是"的继承和发展。在使用"实事求是"这一古语时,毛泽东以马克思主义的哲学观点为基础,对其进行了科学的解释,并且强调:"要有目的地去研究马克思列宁主义的理论,要使马克思列宁主义的理论和中国革命的实际结合起来,是为着解决中国革命的理论问题和策略问题而去从它找立场,找观点,找方法的。"① 从而形成了我们党的思想路线,也是延安精神的精髓——实事求是。

独立自主,自力更生,艰苦奋斗的精神,是贯穿于中华民族的传统文化中的一条生生不息的主线。从《周易·乾卦》中的"天行健,君子自强不息",到孔子"发奋忘食"、"知困,然后能自强",再到孟子的"苦其心志,劳其筋骨,饿其体肤",都提倡自主、自立、自强、艰苦奋斗、埋头苦干、求真务实的精神。千百年来,中华民族的仁人志士,为民族的繁荣进步所掀起的伟大的爱国主义运动正是这一崇高精神的激励。中国共产党所领导的无产阶级革命斗争更是这种精神的鲜活再现。延安时期,这一精神得到更充分、更有效、更完美的体现。以大生产运动为代表的延安时期的自力更生、艰苦奋斗精神是一曲民族精神传承的最响亮的颂歌。

二、延安精神的内涵把握

延安精神是一个内涵丰富的精神体系,主要体现在坚定正确的政治方向,全心全意为人民服务的宗旨,实事求是的思想路线,独立自主、自力更生、艰苦奋斗的精神,民主、团结、统一的精神,批评和自我批评的精神等。

(一) 坚定正确的政治方向

坚定正确的政治方向,是延安精神的灵魂。毛泽东在抗大第四期第三大队开学典礼上讲道,你们来此学习,可以学一样很重要的东西,就是全国的全中华民族的宗旨——抗日救国。"首先是学一个政治方向。政治方向可以有许多

---

① 《毛泽东选集》第3卷,人民出版社,1991年版,第801页。

不同的方向,你们要学一个正确的政治方向,这就是要打日本、怎样打日本、为什么日本帝国主义一定能被打倒的正确的政治方向。"① 国难当头,救亡图存是民族的呼声,抗战救国是延安时期最贴近现实、最具有普遍号召力和凝聚力的正确的政治方向。

抗日战争时期,延安成为革命者向往和敬仰的圣地。数以万计的知识青年、进步人士,为了追求理想和信念,奔赴延安,是因为延安代表着民族解放和社会进步的正确方向。"割了皮肉还有骨,打断骨头还有心,只要还有一口气,爬也爬到延安城"就是最为生动的写照。据统计,仅1938年5月至8月,经西安八路军办事处介绍到延安的知识青年就有2288人。他们在共产党的大熔炉中经过血与火的洗礼,灵魂得到净化,思想境界得到升华,从而坚定了共产主义信念,将共产主义理想作为一生奋斗的目标。延安时期,无论条件怎样艰苦,环境怎样恶劣,抗日军民在党的领导下,始终情绪饱满,士气高昂,充满着革命乐观主义和革命英雄主义的精神。正是这种坚定正确的政治方向,为民族和人民的解放事业,为崇高的共产主义理想矢志不渝、英勇献身的精神构成了延安精神的灵魂。

(二) 全心全意为人民服务的宗旨

全心全意为人民服务是党的根本宗旨,它明确提出于延安时期。1938年毛泽东在《中国共产党在民族战争中的地位》中指出:"共产党员无论何时何地都不应把个人利益放在第一位,而应以个人利益服从民族和人民的利益。"② 1944年,在中央直属机关为追悼张思德的大会上,毛泽东发表了《为人民服务》一文,明确提出了为人民服务是中国共产党的宗旨。1945年党的七大召开,第一次把全心全意为人民服务作为党的宗旨写入党章。

全心全意为人民服务,是中国共产党和人民军队的根本宗旨,是我们党从事一切革命事业的出发点和归宿,也是延安精神的重要内容。1939年12月,他在《纪念白求恩》一文中号召大家要学好为人民服务的本领,对技术精益求精,做好本职工作,像白求恩那样,做一个高尚的人,一个纯粹的人,一个有道德的人,一个脱离了低级趣味的人,一个有益于人民的人。1944年9月,

---

① 中共中央宣传部编:《毛泽东邓小平江泽民论弘扬和培养民族精神》,学习出版社2003年版,第6页。
② 《毛泽东选集》第2卷,人民出版社1991年版,第522页。

毛泽东在《为人民服务》中指出：我们的共产党和共产党所领导的军队完全是为着解放人民的，是彻底地为人民的利益工作的。他还强调：人固有一死，或重于泰山，或轻于鸿毛。为人民利益而死，就比泰山还重；替法西斯卖力，替剥削人民和压迫人民的人去死，就比鸿毛还轻。张思德是为人民利益而死的，他的死是比泰山还要重的。在《论联合政府》中，毛泽东又鲜明地指出："我们共产党人区别于其他任何政党的一个显著的标志，就是和最广大的人民群众取得最密切的联系，全心全意地为人民服务，一刻也不脱离群众。"① 在毛泽东的言传身教下，全心全意为人民服务成为中国共产党人自觉践行的行为准则。

为人民服务的宗旨是无产阶级革命彻底性的反映，它体现了无产阶级先锋队是代表广大人民群众根本利益的先进群体。全心全意为人民服务，就是在思想上要树立一切从人民的利益出发，以人民的利益为最高利益，一切为了群众，一切依靠群众，一刻也不脱离群众的立场和观点。在工作中，要掌握和运用从群众中来，到群众中去的群众路线和工作方法，最大限度地保护群众利益，符合群众的要求，得到群众支持，从而调动群众的积极性和创造性，实现党的奋斗目标。延安时期，一个普通战士可以直接找中央组织部部长陈云谈个人婚姻情况，一个普通老百姓可以直接向党中央主席毛泽东反映公购粮问题。那时，延安人在极端艰苦的斗争环境中坚持一面生产，一面打仗，一面学习，无论是前方还是后方，"为人民服务"成为共产党人的共同信念和行为规范。

（三）实事求是的思想路线

马克思主义普遍真理同中国革命具体实践相结合的历史，就是不断解放思想，实事求是的历史。实事求是的思想路线是延安精神的基石。延安精神是在实事求是的革命实践中形成和发展的，没有实事求是的革命实践，就没有延安精神的产生。

毛泽东在《改造我们的学习》一文中，对"实事求是"进行了科学而又通俗的阐述。他说："'实事'就是客观存在着的一切事物，'是'就是客观事物的内部联系，即规律性，'求'就是我们去研究。"② 刘少奇在延安时期也曾讲过，共产党要有最伟大的理想，最伟大的奋斗目标，同时，又要有实事求

---

① 《毛泽东选集》第3卷，人民出版社1991年版，第1094页。
② 《毛泽东选集》第3卷，人民出版社1991年版，第801页。

是的精神和最切合实际的工作。这是我们共产党员的特点。实事求是包含了一切从实际出发，理论联系实际，把马克思主义的普遍真理同中国革命的具体实践相结合的基本思想。一切从实际出发，就是要不唯书，不唯上，只唯实，即尊重客观实际，按照实际情况确定路线、方针和政策。理论联系实际要求我们对马克思主义的理论要完整准确地理解和把握，不能抛弃马克思主义活的灵魂而生吞活剥它的词句，到处套用，使之成为僵化的教条。毛泽东曾用"有的放矢"这一形象的比喻揭示理论联系实际的实质，他指出："'的'就是中国革命，'矢'就是马克思列宁主义，我们中国共产党人所以要找这根'矢'，就是为了要射中国革命和东方革命这个'的'的。这个问题不讲明白，我们党的理论水平永远不会提高，中国革命也永远不会胜利。"①

一切从实际出发，理论联系实际是实事求是思想路线的思想基础和核心，而调查研究则是实事求是思想路线的前提和途径。毛泽东既是中国共产党调查研究的倡导者，又是调查研究的榜样。从湖南农民运动讲习所到井冈山，到延安，都留下了他调查研究的足迹和内容深刻又脍炙人口的著作。"没有调查就没有发言权"，调查是"十月怀胎"，研究是"一朝分娩"。② 只有把科学调查和求是研究有效结合起来，才能剖析事物的本质，才能做到理论联系实际的实事求是，才能使马克思主义成为指导中国革命最锐利的武器。

（四）独立自主、自力更生、艰苦奋斗的精神

独立自主、自力更生、艰苦奋斗精神的实质就是中国共产党人在领导中国革命斗争中，把马克思主义普遍真理同中国革命实际结合起来，走一条适合本国历史特点的革命道路。共产主义事业是国际事业，需要相互支援，但这种支援是有限的，决定革命能否取得胜利的主要因素是依靠本国人民群众的力量，独立自主、自力更生、艰苦奋斗。在革命的危急关头，是中国共产党自己在遵义会议上结束了王明"左"倾机会主义错误，决定了正确的军事路线和组织路线；在民族危亡之际，是中国共产党决定以民族大业为重，促成抗日民族统一战线的建立；在军事斗争中，是中国共产党独立自主地开展敌后游击战，坚持了在统一战线中的独立自主原则；在边区和抗日根据地军民面临被困死、饿死的威胁，是中国共产党独立自主地制定了战争时期的方针、政策，发动大生

---

① 《毛泽东选集》第3卷，人民出版社1991年版，第820页。
② 《毛泽东选集》第1卷，人民出版社1991年版，第110页。

产运动,靠自力更生、艰苦奋斗、自己动手、丰衣足食,度过了难关;是中国共产党独立自主地开展延安整风运动,彻底清算了王明"左"倾机会主义错误和各种非无产阶级思想,促成了党的空前的团结统一。延安精神就是中国共产党在坚持独立自主、自力更生、艰苦奋斗的斗争中发展和成熟起来的。

延安时期的艰苦奋斗精神与正确的政治方向互为因果,辩证统一,有着紧密的联系。毛泽东在延安庆祝五一国际劳动节大会上的讲话中曾强调指出:"没有坚定正确的政治方向,就不可能激发艰苦奋斗的工作作风,没有艰苦奋斗的工作作风,就不能执行坚定正确的政治方向。"①

延安时期的艰苦奋斗是建立在自觉基础上的。这种艰苦奋斗不是个人的奋斗,而是整个革命队伍,为民族解放,为伟大理想的实现,在艰苦环境中奋斗拼搏而培养出来的革命精神。在边区政府,上至领导,下至各级公务人员,名副其实地与人民同甘共苦,党心、军心、民心在这样的社会氛围中自然会凝聚成能战胜任何敌人的强大精神力量。

(五)民主、团结、统一的精神

在延安时期,中国共产党冲破了中华民族几千年的封建专制的影响,根据时代和国情的需要,率先在陕甘宁边区实施民主政治,给这块古老贫瘠的黄土地带来清新的空气,注入勃勃生机,使延安成为全国民主政治的先导。延安精神在生动活泼的民主氛围中孕育并发展成熟。

延安时期,中国共产党在边区政权建设方面,制定了《陕甘宁边区议会及行政组织纲要》、《陕甘宁边区选举条例》、《民主政府施政纲领》等一系列体现民主政治的方针、政策,实行了由"苏维埃"革命向抗日民族解放战争转变,并使抗日民主政治具体化、法规化。1941年5月1日,边区中央局又颁布了《陕甘宁边区施政纲领》。此纲领增加了"三三制"、人权保障、廉政等政策,扩大了民主政治的内容。按照这些"纲要"、"条例"、"纲领"的规定,边区各级参议会和各级政府的工作人员均由人民直接选举产生。参议会具有决定边区各级政府的决议、计划、民政、经济、文化教育、地方军事等重大问题的审批权,能选举和罢免政府工作人员。陕甘宁边区认真地实行了三次普遍深入的民主选举,使老百姓懂得了"民主"含义。老百姓说:"民,就是咱大家;主,就是当家。民主就是咱大家来当家。"老百姓对民主的朴素而真切

---

① 毛泽东:《国民精神总动员的政治方向》,载《新中华报》1939年5月10日。

的理解说明边区民主政治不但真真实实而且深入人心。边区在实施民主政治的同时,在发展经济、军事等方面,都充分发扬民主。在承认现有土地所有权的前提下实行减租减息,废止高利贷,实行自由贸易和自由营业,确定八小时工作制,保护工人利益。在军事上倡导推行新的军事民主,实行官兵团结一致,军民团结一致。在廉政建设上,边区制定了《惩治贪污暂行条例》和《惩治贪污条例(草案)》,并厉行实施。

(六) 批评和自我批评的精神

批评和自我批评是党的三大优良作风之一,是延安精神的重要组成部分。批评和自我批评是在革命斗争中形成和发展的。大革命失败后,党从陈独秀右倾投降主义错误的惨痛教训中,逐步认识到在党内开展批评和自我批评的重要意义。土地革命时期,红军之所以能坚持斗争,除了党的作用外,就是靠实行军队的民主主义,而发扬民主的办法,依赖于批评和自我批评这一法宝。延安时期,随着革命队伍的壮大,各种非无产阶级思想在党内流行,影响了党的"肌体",使党的"肌体"蒙上了"灰尘"。主观主义、宗派主义、党八股还经常"侵袭"我们的党。为了分清是非,统一认识,党开展了延安整风,通过批评和自我批评,解决党内存在的矛盾。毛泽东曾说,有无认真地批评和自我批评是我们和其他政党相区别的显著标志之一。革命在改造客观世界的同时,也要改造主观世界。随时准备坚持真理,又随时准备修正错误。"对于我们经常地检讨工作,在检讨中推广民主作风,不惧怕批评和自我批评,实行'知无不言,言无不尽','言者无罪,闻者足戒','有则改之,无则加勉'这些中国人民的有益的格言,正是我们抵抗各种政治灰尘和政治微生物侵蚀我们同志的思想和我们党的肌体的唯一有效的方法。"① 刘少奇也曾指出:"我们之所以需要批评和自我批评,不是为了损害党的威信,败坏党的纪律,削弱党的领导,而是为了提高党的威信,巩固党的纪律,加强党的领导。"② 在延安整风中,大家以整风文件为武器,开展了严肃、尖锐的批评和自我批评,揭露了主观主义残余,批评了政策上的某些糊涂观念、组织上的闹独立和自由主义思想作风,贯彻了"惩前毖后,治病救人"、"既要弄清思想,又要团结同志"的方针。通过整风,广大党员划清了正确与错误思想路线的界线,提高了认

---

① 《毛泽东选集》第3卷,人民出版社1991年版,第1096页。
② 《刘少奇选集》上卷,人民出版社1985年版,第159页。

识，达到"团结——批评——团结"的目的，收到预期效果。延安整风运动后，党在政治上、思想上、组织上达到空前的团结统一，为抗日战争、解放战争的胜利奠定了思想基础。

三、延安精神的当代传承

中国共产党十分重视精神的力量，自延安精神产生以来，党结合不同时期的历史任务，继承和发扬延安精神，不断赋予延安精神新的时代内涵。

（一）"永远保持过去十余年间在延安和陕甘宁边区的工作人员中所具有的艰苦奋斗的作风"

1948年3月，党中央离开陕北，东渡黄河，来到西柏坡。以毛泽东为代表的党的领导集体，面对解放战争的节节胜利，始终保持着不骄不躁、谦虚谨慎的作风。1949年1月，辽沈、平津、淮海战役胜利结束。毛泽东在西柏坡召开的七届二中全会上告诫全党：夺取全国胜利，这只是万里长征走完了第一步。中国革命是伟大的，但革命以后的路程更长，工作更伟大，更艰苦。务必使同志们继续地保持谦虚、谨慎、不骄、不躁的作风；务必使同志们继续地保持艰苦奋斗的作风。并提议，由全会提出防止资产阶级腐蚀和突出个人的六个规定，强调要运用批评和自我批评的武器，保持优良作风。党中央迁往北京后，毛泽东仍然十分重视继承和发扬延安精神。在给延安人民的复信中，他说："我希望全国一切革命工作人员永远保持过去十余年间在延安和陕甘宁边区的工作人员中所具有的艰苦奋斗的作风。"①

建国之初，面对国民党留下的社会混乱、经济崩溃、物价飞涨、民不聊生、满目疮痍的烂摊子，党领导广大人民群众，发扬延安精神，迅速医治战争创伤，恢复和发展国民经济。到1952年底，全国大陆（除西藏等地区外）完成了土地改革，处于崩溃状态的国民经济得到恢复，1952年比1949年工农业总产值增长77.5%，主要产品的产量达到或超过解放前的最高水平，其他事业也迅速发展起来。

为保持谦虚谨慎、艰苦奋斗的作风，1950年中国共产党在全党全军开展了以提高干部和一般党员的思想政治水平、纠正工作中错误、克服以功臣自居

---

① 《毛泽东文集》第6卷，人民出版社1999年版，第7页。

的骄傲自满情绪、克服官僚主义和命令主义、改善党与人民的关系的整风运动。整风的重点是各级领导干部，方法是学习、检查、批评和自我批评。整风运动收到预期效果。继整风运动后，开展了全国范围整顿党的基层组织运动、"三反"、"五反"运动和增产节约运动。在这一时期，谦虚谨慎、戒骄戒躁、艰苦奋斗、艰苦朴素等党的优良传统和作风得到很好地继承，延安精神得到充分地体现和扎扎实实地弘扬。

在新民主主义制度确立、国民经济恢复和发展的基础上，为了实现共产主义理想，党中央根据毛泽东建议，提出了过渡时期的总路线——在一个相当长的时期内，逐步实现国家的社会主义工业化，逐步实现国家对农业、手工业和资本主义工商业的社会主义改造。这条总路线是借鉴苏联经验，结合我国具体情况，实事求是地提出来的。它指出了从新民主主义向社会主义过渡的途径和步骤，其实质是解决所有制问题。由于注意了我国特点，采取稳妥步骤，在较短时间内完成了"三改造"的任务。同时，毛泽东提出要调查研究，总结经验，探索适合我国国情的经济发展道路，并率先垂范，亲自听取了工业、农业、运输业、财政等34个部门的工作汇报，发表了《论十大关系》这一指导我国社会主义建设的纲领性著作。这种从实际出发，务实求真的工作作风为延安精神在过渡时期的继承和发展找到了新的结合点和生长点。

在社会主义改造基本完成之时，中国共产党召开了第八次全国代表大会，毛泽东作了《增强党的团结，继承党的传统》的报告。报告提出了团结全党，团结国内外一切可以团结的力量，为建设伟大的社会主义而奋斗的目标和策略，号召全党继承党的优良传统，反对本本主义、官僚主义、宗派主义，强调要兴调查研究之风，从实际出发，理论与实践相统一。明确提出要按辩证唯物论思考和认识问题，要求思想必须反映客观实际，并且在客观实践中得到检验。这些都充分反映了以毛泽东为代表的党的第一代领导人，在坚持继承和弘扬延安精神上，坚持了马克思主义普遍真理同中国革命实际相结合、把发展生产力作为党的主要任务的正确思想政治路线，为社会主义建设指明了正确的方向和道路，使建立不久的新中国呈现出一派欣欣向荣的景象，为新中国的繁荣昌盛奠定了良好的基础。

（二）"我们一定要宣传、恢复和发展延安精神"

在改革开放之初，邓小平就提出，中国搞四个现代化要有一股艰苦奋斗的创业精神。他号召："我们的党员、干部，特别是高级干部，一定要努力恢复延安的光荣传统，努力学习周恩来等同志的榜样，在艰苦创业方面起模范作用。"① 并强调，要实现社会主义现代化的宏伟目标，"我们一定要宣传、恢复和发扬延安精神。"②

实事求是的思想路线，是毛泽东在延安时期倡导和确立的党的思想路线，它是毛泽东思想的精髓，也是延安精神的重要内容。由于种种原因，我们党在20世纪60年代至70年代的十几年间却没有坚持这条正确的思想路线。"文化大革命"结束后，在中国面临向何处去的重大历史关头，邓小平等老一辈无产阶级革命家旗帜鲜明地坚持实事求是的思想路线，恢复和发扬延安精神。1978年6月，邓小平在全军政治工作会议上指出："我们说的做的究竟能不能解决问题，问题解决的是不是正确，关键在于我们是否能够理论联系实际，是否善于总结经验，针对客观事实，采取实事求是的态度，一切从实际出发。我们只有这样做了，才有可能正确地或比较正确地解决问题。"③ 1978年12月邓小平在中央工作会议上作了《解放思想，实事求是，团结一致向前看》的重要讲话。他指出："一个党，一个国家，一个民族，如果一切从本本出发，思想僵化，迷信盛行，那它就不能前进，它的生机就停止了，就要亡党亡国。只有解放思想，坚持实事求是，一切从实际出发，理论联系实际，我们的社会主义现代化建设才能顺利进行，我们党的马克思主义、毛泽东思想的理论才能顺利发展。"④ 建国后严重的挫折和教训表明，必须确立实事求是的思想路线，才能打破和防止思想僵化、突破教条主义的束缚，使党和国家的各项工作走上正轨。

党的思想路线的重新确立，为党的政治路线的制定奠定了思想基础。十一届三中全会以后，以邓小平为核心的党的第二代领导集体，坚决纠正"左"的错误，果断停止"以阶级斗争为纲"的错误口号，确定了把党和国家工作重点转移到以经济建设为中心的轨道上来，并作出改革开放的重大战略决策，形成了"一个中心，两个基本点"的基本路线。如果说以毛泽东为代表的党的第一代领导集体以陕甘宁边区为新的起点，在延安精神的推动下领导中国革命走向全国胜利，完成了第一次伟大的历史转折，那么，改革开放的伟大创举则是中国共产党第二代领导集体继承和发扬延安精神，坚持解放思想、实事求

---

① 《邓小平文选》第2卷，人民出版社1994年版，第267页。
② 《邓小平文选》第2卷，人民出版社1994年版，第369页。
③ 《邓小平文选》第2卷，人民出版社1994年版，第12页。
④ 《邓小平文选》第2卷，人民出版社1994年版，第143页。

是思想路线，发扬艰苦奋斗、自力更生优良传统的结果。在改革开放的过程中，延安精神充分地发挥了精神支柱和精神动力作用，与此同时，延安精神也在改革开放过程中得到丰富和发展。

（三）"自力更生、艰苦奋斗的延安精神没有过时"

1989年9月，刚刚就任党中央总书记的江泽民到陕北考察。他在视察延安时讲道："自力更生、艰苦奋斗的延安精神没有过时。抗日战争、解放战争的艰苦岁月要发扬延安精神；社会主义初级阶段，也离不开延安精神。否则，我们的社会主义是很难建成的。"① 他要求"全党继续发扬延安精神"，并亲笔题写了"延安精神永放光芒"。这就阐明了在新的历史条件下继承和发扬延安精神的重大意义。自力更生、艰苦奋斗的精神是无产阶级彻底的革命精神，是压倒一切敌人，敢于自我牺牲的精神，是排除万难去争取胜利的革命乐观主义精神，也体现着民主的、实事求是的科学精神。自力更生、艰苦奋斗是延安精神的主体内涵。江泽民对延安精神的论述，为新时期人们正确认识和理解、继承和发扬延安精神奠定了坚实基础。

艰苦奋斗是党的政治本色和政治优势。我们党是执政党，从党的干部到普通党员，他们的一言一行都是广大人民群众瞩目的焦点。因为他们的言行代表着人民的利益，他们以身作则、艰苦奋斗的品质和与时俱进、奋斗不止的高尚情操和精神境界具有很强的凝聚作用，是团结人民群众为实现社会主义现代化而奋斗的强大动力，是我们的事业兴旺发达的希望。因此，江泽民在2002年春考察延安时指出："延安精神，体现了我们党马克思主义政党的性质，体现了我们党与时俱进的思想风范，体现了我们党与人民同呼吸、共命运的优良作风，体现了中国共产党人一往无前的奋斗精神。无论过去、现在和将来，延安精神都不能丢。"②

江泽民在中央纪委第五次全体会议上的讲话中指出：艰苦奋斗是中国共产党的光荣传统，是我们党保持同人民群众密切关系的法宝，也是一个干部，特别是领导干部必须具备的基本政治素质。我们党正是靠艰苦奋斗发展壮大的。过去干革命需要艰苦奋斗，今天搞社会主义现代化建设，同样要靠艰苦奋斗。改革开放和社会主义建设是一个艰苦创业的过程。我国人口多，底子薄，综合

---

① 《人民日报》，1989年9月15日，第1版。
② 江泽民：《论有中国特色社会主义（专题摘编）》，中央文献出版社2002年版，第400页。

国力差,现代化建设和社会发展需要大量的资金。我们必须坚持和发扬自力更生、艰苦奋斗的延安精神,踏踏实实地艰苦创业,才能使国民经济全面协调发展和推动社会全面进步,改变我国贫穷落后的面貌,从而应对世界范围的激烈竞争对我们所构成的严峻挑战。

新时期,以江泽民为核心的第三代中央领导集体,站在时代高度发出了中国共产党要始终代表中国最广大人民的根本利益的号召。代表最广大人民的根本利益,就是要求我们的党员干部,特别是领导干部要当好人民的公仆,要身体力行地实践党的宗旨,全心全意为人民服务。要像延安时期那样,密切联系群众,紧紧依靠群众,与人民群众保持血肉联系;要正确对待手中的权力,要执政为民,绝不能以权谋私,这是区分是否真心履行党的宗旨的分水岭。

(四)"让延安精神放射出新的时代光芒"

2006年春节,胡锦涛在陕西考察工作时专程来到延安,瞻仰了杨家岭、枣园革命旧址,参观了党的七大会址。在参观毛泽东、周恩来、刘少奇、朱德、任弼时等老一辈革命家旧居时,胡锦涛动情地说,在延安这块土地上孕育形成的延安精神,是我们最宝贵的精神财富。在全面建设小康社会的伟大进程中,我们要把延安精神作为凝聚人心、团结奋进的强大动力,作为战胜困难、夺取胜利的重要法宝,让延安精神放射出新的时代光芒。

延安精神的形成和发展的历史,实际是中国共产党由弱变强,中国革命由曲折走向胜利的发展史。自力更生、艰苦奋斗是延安精神的基本内容,也是延安精神的最引人瞩目的亮点。胡锦涛指出:"要实现十六大提出的全面建设小康社会的奋斗目标,要完成基本实现现代化、把我国建设成为富强民主文明的社会主义国家的历史任务,要不断开创中国特色社会主义事业新局面,我们要走的路还很长,我们肩负的任务还很艰巨,我们可能遇到的困难和挑战还会很多,我们必须始终谦虚谨慎、艰苦奋斗。"① 党的历史经验告诉我们,党之所以得到人民群众的信任、拥护、支持,最根本的原因就是牢固地树立了全心全意为人民服务的思想,这是党在长期革命斗争中形成,并在延安时期明确提出的根本宗旨。胡锦涛在西柏坡考察时指出:"艰苦奋斗,是我们党作为马克思主义政党的本色,也是我们党坚持执政为民,始终成为中国特色社会主义事业

---

① 胡锦涛:《坚持发扬艰苦奋斗的优良作风 努力实现全面建设小康社会的宏伟目标》,《求是》2003年1期。

领导核心的必然要求。……只有牢记全心全意为人民服务的宗旨,才能保持艰苦奋斗的革命意志和革命品格;只有坚持艰苦奋斗,才能更好地履行全心全意为人民服务的宗旨。"① 胡锦涛站在时代的高度,将二者的逻辑关系和本质联系作了明确地阐述,赋予了延安精神以"执政为民"的时代内容,突出了继承和弘扬延安精神的必要性和紧迫性,深化了对延安精神的理解,丰富和发展了延安精神。

同时,胡锦涛还明确地阐述了坚持艰苦奋斗的作风、履行全心全意为人民服务的宗旨与实践"三个代表"重要思想的关系。他指出:"坚持艰苦奋斗,根本目的就是要为最广大人民的根本利益而不懈努力,不断把人民群众的利益维护好、实现好、发展好。这也是我们贯彻'三个代表'重要思想的必然要求。"② 他殷切地希望并代表党中央要求各级领导干部要深入基层、深入群众,倾听群众呼声,关心群众疾苦,时刻把人民群众的安危冷暖挂在心上,做到权为民所用,情为民所系,利为民所谋。尤其要关心那些生产和生活遇到困难的群众。要深入到贫困地区、困难企业中去,深入到下岗职工、农村贫困人口、城市贫困居民等困难群众中去,千方百计地帮助他们解决实际困难。要通过扎实有效的工作,实实在在地为群众谋利益,带领群众创造自己的幸福生活。胡锦涛的希望和要求是延安时期关心群众、密切联系群众的优良传统和作风的再现,是继承、弘扬和发展延安精神最具体和最具有说服力地体现。

---

① 胡锦涛:《坚持发扬艰苦奋斗的优良作风 努力实现全面建设小康社会的宏伟目标》,《求是》2003年1期。
② 胡锦涛:《坚持发扬艰苦奋斗的优良作风 努力实现全面建设小康社会的宏伟目标》,《求是》2003年1期。

第八章

革命升华：西柏坡精神

西柏坡，一个永载中国革命史册的名字。西柏坡精神，是指以毛泽东为代表的党中央在驻西柏坡期间，所体现、创立和培育的一种革命精神。它同井冈山精神、长征精神、红岩精神、延安精神一起，构成了我们党的宝贵革命精神。

一、西柏坡精神的形成条件

从1947年5月刘少奇、朱德等同志抵达西柏坡到1949年3月党中央离开西柏坡前往北京，这段时期在我们党的历史上具有重大的意义。西柏坡是我们党进入北京、解放全中国的最后一个农村指挥所，毛泽东和中共中央曾在这里领导了全国的土地改革运动，指挥了震惊中外的辽沈、淮海、平津三大战役，召开了具有伟大历史意义的七届二中全会。西柏坡精神的形成，是伟大的中国共产党利用西柏坡的天时地利人和，发扬优良传统辛勤培育的结果。

（一）西柏坡精神形成的基本前提——党中央进驻西柏坡

抗日战争胜利不久，当全国人民正在调养战争创伤之际，蒋介石为了实行一党专政，挑起了第三次国内战争。这场战争蒋介石的主要矛头指向中国共产党中央机关所在地——陕甘宁边区。蒋介石派嫡系部队胡宗南的23万大军进剿延安。当时我陕甘宁边区仅有两万多部队驻守，敌众我寡，兵力悬殊。在这种情况下，1947年春，党中央主动撤离延安，转移到陕北清涧县枣林沟。在这里，党中央决定毛泽东、周恩来等同志留守陕北指挥全国的解放战争，以稳定大局；刘少奇、朱德等同志组成中央工委，前往晋西北或其它适当地点，进行中央委托的工作。1948年3月，在中国革命的转折关头，党中央在陕北米脂县杨家沟作出了英明决定：将晋察冀、晋冀鲁豫两个解放区合并，组成华北解放区。华北解放区的领导中心设在石家庄,同时决定中央亦准备转移到华北。中国共产党的最高领导机关东移华北,具有极大的战略意义。这一举动,不仅跳出了敌人在陕甘宁设下的包围圈,更主要的是占领了中国革命的"制高点"——华北地区,为夺取中国革命的最后胜利,寻到了一个有力的支点。

党中央为什么如此重视华北?一方面,华北地区在中国占据着重要的战略位置,占领华北,便于指挥全国的解放战争。另一方面,华北是我军抗日时期的主战场,群众基础较好,便于站稳脚跟。早在1937年,聂荣臻率领八路军115师挺进五台山地区,后来在敌后建立晋察冀根据地;1937年秋,贺龙、关向应率领120师进入晋西北地区打垮了日寇的大围攻,不久,建立了晋绥抗日根据地;后来,李井泉率领120支队北上,开辟了大青山抗日根据地;1937年11月,刘伯承、邓小平、徐向前率领129师挺进晋东南太行山区,迅速建立了以太行山为中心的晋冀鲁豫抗日根据地……八路军在广大华北地区放手发动群众,壮大人民力量,大大提高了华北地区人民群众的政治觉悟,加深了我党与华北人民的阶级感情。平型关大捷和百团大战能够取得辉煌胜利,使日军的"名将之花"阿部规秀凋谢在太行山上,一方面是因为指挥正确和指战员英勇顽强,另一方面是由于华北地区人民群众大力支持。

华北地域辽阔,有高山、有平原,指挥所设在哪里为好?刘少奇和朱德察看了晋察冀边区地理地形后,经过研究,最后确定到毛主席指出的地方——"白毛女的故乡"平山县。他们到平山县后,把沿滹沱河两岸一个个村庄全看遍了,从位置、交通、环境等多方面考虑,最后确定在西柏坡开展工作。党中央进驻西柏坡是历史发展的必然,是革命形势的需要,是中国共产党高瞻远瞩的明智之举。实践也证明,正是在西柏坡这块圣地,党中央在这里运筹帷幄,指挥夺取了新民主主义革命的全面胜利,并为由革命向社会主义建设转变奠定了坚实基础。

(二)西柏坡精神形成的客观条件——西柏坡的"天时"、"地利"与"人和"

党中央选择西柏坡作为最后一个农村工作的指挥所,从历史环境角度看,既占"天时"又占"地利",还占"人和"。

第一,西柏坡作为党中央的机关所在地,占领了"天时"。位于河北省平山县境内的西柏坡村,自然条件优越。这里属于暖温带半湿润季风大陆性气候,春、夏、秋、冬四季分明,一年内温差较大,而且光线充足,日照时间较长，全年平均每天长达 13 个小时左右。虽然这里降雨量偏少，但是，滹沱河与西柏坡村擦肩而过，全县境内 14 条水系，纵横交错，另外还有池塘，可以调适这里的空气、人畜和土地的用水问题。这些，就是西柏坡自然条件的"天时"。从社会发展的历史时机看，早在新石器时代，西柏坡就已经有人类繁衍生息创造文明。到了封建社会后期，这里已经发展成为家有余粮，户有存钱，青堂瓦舍，店铺买卖，一派繁盛的景象，人称"小北京"。当历史的车轮碾过 1948 年时，国民党的统治已经腐朽崩溃，蒋家王朝大势已去，解放军所到之处，摧枯拉朽，势不可挡。推倒旧世界、建立新中国，已经成为历史的必然。此时的西柏坡，可谓一呼百应，人人想跟着共产党打天下，个个想翻身做国家的主人。这些就是我党中央驻扎西柏坡时的社会大气候。无论从自然条件上看，还是从社会发展的历史时机来看，党中央选择西柏坡作为最后一个农村工作指挥所，顺应了历史潮流，可谓占尽了"天时"。

第二，西柏坡作为党中央的最后一个指挥所，占据了"地利"。从地理环境看，地处河北省西部的太行山东麓中段，坐落在距平山县城西北部 60 公里处的一个向阳的马蹄形山弯里，全村共 68 户人家，摆开长阵掩映在西柏坡岭脚下的茂密树林中。村前是一片开阔而又肥沃的土地，村后是群山峻岭，既不惹人注意，又环境幽静，可藏龙卧虎。从物产情况看，西柏坡属于太行山与华北大平原的过渡地带，村子周围有山地、有丘陵、有平原，也有沟壑，层峦叠嶂。山地宜种林牧干果，丘陵宜种谷黍番薯，平原宜种稻、麦、玉米、大豆和高粱。饿了，这里有五谷杂粮干鲜瓜果充饥；渴了，这里有自然的甘泉解渴生津；热了，这里有树林山荫纳凉；冷了，这里有太行山挡住西伯利亚的寒风，有柴草和煤炭燃起炉火驱寒……所以，当年我们的聂荣臻元帅称这里为"乌克兰"。这里确实是个安居乐业的好地方。从战略家的高度看，华北是中华民族的心腹重地，占中国必先占华北，占华北必先占太行。因为太行山是华北大平原的天然护卫屏障。西柏坡所处的平山县，背靠巍巍太行山，面向广阔的华北大平原，恰好是太行山和华北大平原的交汇点。这里打起仗来进可攻，退可守。进，可通向全国重要城市。几十公里处是平汉线和石太线，往东可扼住石家庄和保定；往北，可震慑北京、天津、张家口；往西，可威胁太原。退，可以固守绵延千里的太行山，打起游击来游刃有余。所以，这里自古是兵家必争的军事要塞。党中央在这里纵观全中国，下达战斗命令，制定出作战方针和原则，指挥数百万中国人民解放军，夺取了三大战役的辉煌胜利，推翻了蒋家王朝。不管从大的地理环境看，还是从战略高度看，西柏坡作为我党的最后一个农村工作指挥所,确实占尽了"地利"。

第三,西柏坡人民同心同德跟共产党打天下,中央机关设在这里,得到了"人和"。孟子说:"天时不如地利,地利不如人和。"西柏坡人民,是勤劳而勇敢的人民,是富于革命传统的人民。早在元、明、清时期,他们就支持革命运动,反对不平等条约,反对封建王朝的统治和剥削,参加了反对袁世凯复辟帝制的斗争。在大革命时期,他们反对北洋军阀的黑暗统治,积极支持国民革命军的北伐战争。土地革命战争时期,他们反对蒋介石的一党专政,反对各种名目的苛捐杂税。抗日战争时期,八路军来到平山县,聂荣臻副师长领导115师在五台山区开展游击战争,成立了晋察冀边区临时政府,西柏坡人民积极参加抗日民主政府,为抗日他们有粮出粮,有力出力,为保卫祖国他们作出了自己的贡献。西柏坡人民是英雄的人民,正义的人民,西柏坡人民不仅富于革命传统,而且还具有高度的政治觉悟、历史使命感和责任心。当1948年党中央进驻西柏坡村后,人人都知道毛泽东主席和党中央就住在西柏坡村,而西柏坡仅距敌占区几十里远,然而没有一个西柏坡人把这个极为重要的秘密告发给敌人。结果,致使数百万国民党军队和数以万计的国民党特务像热锅上的蚂蚁,到处找不到中国共产党的中央机关,成为历史上的一大笑谈。这一事件充分体现了西柏坡人民的高尚品德和政治觉悟。在国难当头的时候,当革命需要的时候,他们能够上下一致,同心同德,克服困难,甚至不惜个人生命挺身而出。在西柏坡流传着一个革命的妈妈戎冠秀的故事。她把两个儿子都送到革命的战场上,后来,牺牲了一个,她擦干眼泪坚定地说:"孩子是我生的,但他是党培养的,干革命哪能不死人,他保家卫国死,值得!"多么高尚的情怀,多么伟大的西柏坡人!这就是西柏坡的"人和"。

(三)西柏坡精神形成的主观条件——西柏坡时期的中国共产党

中国共产党进驻西柏坡时,已经不再是一个幼稚的党,而是历经磨难在革命的风风雨雨中锻造成为经验丰富的伟大、光荣而正确的党,一个完全可以将自己的模式运用自如的独立战斗的党,一个能够经得起任何考验的独立执政的成熟的党。

中国共产党在成立以来的20余年时间里,不断发展壮大,不断总结经验,逐渐发展成熟。遵义会议后,我们党结束了以王明为首的"左"倾路线,确立了以毛泽东为代表的党中央的集体领导。从此,我们党才走上了胜利发展的道路。抗日战争时期,我们党已经趋于成熟,面对内外困境,我们党利用革命的策略——建立抗日民族统一战线，消灭了敌人，保存并发展壮大自己。中国共产党的第七次全国代表大会，把毛泽东思想写入党章，是一个显著的标志——中国共产党已经是一个成熟的无产阶级政党。西柏坡时期的中国共产党，已经发展成为几十万用马列主义、毛泽东思想武装起来的强大队伍，有一整套的政治方针、路线和政策，能够凝聚和号召广大人民群众的坚强领导集体；已经建立起了一支强大的人民军队，并且制定了一整套的作战原则和方针、政策，有能力推翻旧世界建立新中国；已经建立起了最为广泛的革命统一战线，能够团结起一切可以团结的力量，向反动派宣战；能够完全地独立自主和自力更生，可以不依靠外援，去开辟自己的新天地，建设自己的新国家。正是由于有这样一个成熟而伟大的党，在西柏坡这样一个环境里，根据革命历史发展变化的需要，才形成了伟大的西柏坡精神。

二、西柏坡精神的关键内容

西柏坡精神的基本内容，是由当时中国共产党所肩负的历史任务所决定的。纵观那段历史，中国共产党围绕将新民主主义革命进行到底，进而进行社会主义建设的历史主题大致有四项：一是如何彻底打倒国民党反动派；二是如何建立新中国；三是如何建设新中国；四是如何进行执政党建设。党和人民正是在紧紧把握历史转折的主题，完成四项重要课题的伟大实践和理论思考中，造就了西柏坡精神。

（一）两个"敢于"（敢于斗争，敢于胜利）的进取精神

敢于斗争，敢于胜利，实际上就是敢于将革命进行到底的精神，它是无产阶级大无畏精神的集中体现。1948年下半年，虽然人民解放军的人数已增长到280万，国民党军由原来的450万已减少到365万。但在力量对比上，中国人民解放军仍处于劣势。此时，摆在中国共产党面前最大的问题是：敢不敢抓住有利时机进行决战，将革命由局部胜利引向全国胜利。

在这重要历史转折关头，党中央在西柏坡及时召开了政治局会议，明确要求人民解放军要敢于打前所未有的大仗，敢于攻击敌人防守的大城市，敢于夺取全国胜利。毛泽东在这一时期写的一系列重要文章，详细阐述了反动派的虚伪狡猾本性，号召全党和全国人民"宜将剩勇追穷寇，不可沽名学霸王"，"将革命进行到底"。正是在这种彻底革命精神的鼓舞下，中国人民解放军才

能在取得辽沈、淮海、平津三大战役胜利后，马上强渡长江，横扫一切反动派，取得了新民主主义革命的彻底胜利。

1948年，中共中央九月政治局会议提出了"打倒国民党"的战略方针。当时，人民解放军进行战略决战的时机已经成熟，但是国民党军队在数量上还占优势，还有美国的支持。党中央对"困难和克服困难的可能性作了充分的估计"，敢于歼灭敌人重兵集团，敢于同敌人决战，当机立断，抓住有利时机，发动了辽沈、淮海、平津三大战役，歼灭了国民党赖以维护其反动统治的主要军事力量。1949年初，蒋介石发表"求和"声明，国际上有人提出"划江而治"的主张。在此风云变幻的关头，党中央、毛主席以敢于全胜的精神，号召全党、全军、全国人民将革命进行到底，在全国范围内推翻国民党的反动统治，决不允许使革命半途而废。正是在这种实行战略决战，将革命进行到底的实践中所形成的敢于斗争、敢于胜利的进取精神，构成了西柏坡精神的重要内容。

（二）两个"坚持"（坚持依靠群众，坚持人民参政）的民主精神

西柏坡时期，革命形势与过去相比有了很大发展，这就要求我们党必须克服由于长期被敌人分割和农村游击战争环境所形成的地方主义和无政府状态，必须把权力统一于中央。同时，由于革命处于战略转变时期，革命战争、农村工作、城市接管任务繁重而紧迫。革命形势的发展，要求我们党必须在广泛民主的基础上，实行高度的集中，实行统一领导和指挥。为此，在这一时期，党中央作出了各中央局和分局向中央请示报告制度的决议，作出了关于召开党的各级代表大会和代表会议的决议，建立健全了防止个人包办，保证集体领导的从中央到地方的党委会议制度。这些决议、制度和规定极大地丰富和发展了党的民主集中制。西柏坡时期是我们党贯彻执行民主集中制最好的时期之一。毛泽东在大决战的日子里，带头履行民主集中制的各项规定，对于战略方针的制定和涉及全局的重大战役和部署，都是首先虚心听取各中央局、分局领导和前线指挥员的意见后，再由书记处研究，集体决策。从我们党在西柏坡的实践可以看出，民主集中制执行得好坏，同党的事业的兴衰成败是息息相关的。认真贯彻党的民主集中制，是提高党的战斗力、凝聚力和号召力的根本所在，也是巩固党的执政地位的组织保证。

1948年中共中央九月政治局会议决定要建立人民民主专政的国家，为此，我们党依靠群众，发动群众，进行了土地制度的彻底改革，极大地调动了广大

农民参战和生产的积极性,"获得了足以战胜一切敌人的最基本的条件"。同时,党中央把加强纪律性作为由局部胜利过渡到全国胜利的"一个中心环节",要求克服某些无纪律、无政府状态,克服地方主义、游击主义,将一切可能和必须集中的权力集中于中央和中央代表机关手里。毛泽东特别强调,把加强纪律性与发展民主结合起来,采用民主集中制,不必搞资产阶级的议会制和三权鼎立,实行人民代表大会制度,在共产党领导下与民主党派、民主人士长期合作,以建立和巩固无产阶级领导的以工农联盟为主体的人民民主专政的共和国。这些都充分体现了一种确立党、政权、军队与人民群众的新型关系的民主精神。

(三) 两个"善于"(善于破坏旧世界,善于建设新世界)的科学精神

西柏坡时期,面对全国即将胜利的新形势,中国共产党人坚持实事求是、一切从实际出发的思想路线,坚持独立自主地走自己的路,创造性地运用和发展了马克思主义,提出了既要善于破坏旧世界,又要善于建设新世界的要求。两个"善于",是中国共产党人在对"建设新中国"的道路问题进行最初的探索之中,极其鲜明地表现出来的一种按着中国的国情搞建设的科学精神,体现了中国共产党人对建设伟大社会主义国家的坚定信念和科学精神的高度统一。

面临如何建设新中国的艰巨而伟大的任务,毛泽东在九月政治局会议和七届二中全会上,对新中国建设的国情进行了最初的基础分析,确定了工作重心由农村转到城市、由革命转向建设的战略思路,确定了从农业国变为工业国,从新民主主义过渡到社会主义的目标和方向。他指出,从1927年到现在,我们的工作重点是在乡村,在乡村聚集力量,用乡村包围城市,然后取得城市。采取这样一种工作方式的时期现在已经完结。从现在起,开始了由城市到乡村并由城市领导乡村的时期,在这个历史转变时期,"党和军队的工作重心必须放在城市,必须用极大的努力去学会管理城市和建设城市",必须"彻底地打倒国内的反革命势力和帝国主义势力","在革命胜利以后,迅速地恢复和发展生产,对付国外的帝国主义,使中国稳步地由农业国转变为工业国,在中国建设成一个伟大的社会主义国家。"① 他考察了新中国的主要矛盾和五种经济结构,规定了全国革命胜利后在政治、经济、文化、外交等方面的基本政策,提出了进城后要以生产建设为中心的思想,要求全党在战略上藐视困难,在战

---

① 《毛泽东选集》第4卷,人民出版社1991年版,第1437页。

术上重视困难,很快地学会生产、商业、银行等技术和管理工作,强调"政策和策略是党的生命",郑重地宣布"我们不但善于破坏一个旧世界,我们还将善于建设一个新世界"。

除此之外,我们党在这一时期,还紧密结合中国国情,创造了人民民主专政这一崭新的国家制度;创建了中国共产党领导下的多党合作和政治协商制度;制定了"另起炉灶"、"打扫干净屋子再请客"等独立自主的外交政策。所有这一系列具有重大创新意义的举措,为新中国的建立奠定了坚实的基础,同时也为后人探索中国特色社会主义道路留下了许多宝贵的历史经验。

(四)两个"务必"(务必保持谦虚、谨慎、不骄、不躁的作风,务必保持艰苦奋斗的作风)的创业精神

在西柏坡,执政问题摆在党的面前。共产党人会不会变成李自成?能不能经受得住胜利与执政的考验?这关系到革命的成果能否巩固,社会主义目标能否实现,中国式的建设道路能否走下去。在解决这个重要课题时,毛泽东在党的七届二中全会上郑重地指出:"因为胜利,党内的骄傲情绪,以功臣自居的情绪,停顿起来不求进步的情绪,贪图享乐不愿再过艰苦生活的情绪,可能生长","我们必须预防这种情况","夺取全国胜利,这只是万里长征走完了第一步","中国的革命是伟大的,但革命以后的路程更长,工作更伟大,更艰苦"。所以,"务必使同志们继续地保持谦虚、谨慎、不骄、不躁的作风,务必使同志们继续地保持艰苦奋斗的作风",即"两个务必"。在这一时期,毛泽东还明确提出了党内"六不",即不做寿、不送礼、不敬酒、不拍掌、不以领导人的名字作地名、不把中国的同志与马恩列斯并列。他反复要求全党同志,必须防止因为胜利而带来党内的骄傲情绪,以功臣自居的情绪,停顿起来不求进步的情绪,贪图享乐不愿再过艰苦生活的情绪,要警惕资产阶级"糖衣炮弹"的攻击。在革命胜利后,能否继续保持谦虚谨慎、艰苦奋斗的作风,关系到党同人民群众的血肉联系,关系到党的生死存亡。毛泽东始终强调加强执政党建设,就是要胜利完成中国共产党由革命党向执政党的转变,始终成为社会主义革命和建设事业的坚强领导核心。

西柏坡精神的内涵是十分丰富的。在西柏坡精神中,毛泽东提出的"两个务必"是西柏坡精神的核心和灵魂。"两个务必"是西柏坡时期形势发展的客观要求,它反映了西柏坡时期的伟大历史主题。首先,中国革命胜利后,中国共产党能否继续保持与人民群众的血肉联系,能否继续地保持过去那种谦虚

谨慎、艰苦奋斗的优良作风，这是对全党及每个党员提出的严峻考验；其次，新中国成立后，党要进行国民经济的恢复和发展，面临的任务十分繁重。这就要求我们党必须克服各种困难，必须学会自己不懂的东西，必须继续地保持谦虚谨慎、艰苦奋斗的作风；再次，建设社会主义是一项更加艰巨、更加复杂的事业。特别是在我们这样一个经济文化都不发达的国家建设社会主义，更需要付出长期艰苦的努力，更需要保持过去那种谦虚谨慎、艰苦奋斗的优良作风。"两个务必"是我们党在长期艰苦卓绝的革命斗争中孕育、发展形成的，是井冈山精神、长征精神、延安精神的传承。"两个务必"凝结着深刻的历史经验，体现了党的政治本色，是我们党必须长期坚持的优良传统和作风，是西柏坡精神的又一重要内容。

三、西柏坡精神的历史意义

西柏坡精神，在我们党和国家的发展史上有着重要的历史价值，这笔精神财富在全面建设小康社会的新时期，同样具有重要的时代意义。

（一）西柏坡革命精神的历史价值

西柏坡精神在新民主主义革命与社会主义建设历史上有重要的历史价值，它促进了中国革命的重大转折，奠定了建设新中国的思想基础，提出了加强执政党建设的重大历史课题。

1. 促进了中国革命的重大转折

在西柏坡实现了中国革命的战略决战，促进了中国革命的重大转折。周总理曾说，西柏坡是中共中央和毛泽东领导中国革命的最后一个农村指挥所。我们党在这里指挥了三大战役，召开了七届二中全会，标志着中国革命实现了几个重大转变。

首先是实现从战争到和平的转变。这个转变不仅仅是指解放战争这场战争，还应追溯到1840年的鸦片战争。从那时起，中国战争就连绵不断。从外敌入侵看，包括第一次鸦片战争到抗日战争；从国内看，包括太平天国运动和辛亥革命，还有军阀混战、三次国内革命战争。直到解放战争的三大战役后，革命人民才夺取了战略主动权。革命胜利已成定局，中国即将进入一个和平建设时期。这就是说这个转变结束了109年的战争，实现了半个世纪的和平。

第二个转变就是从农村向城市的转变。中国革命道路是农村包围城市，长期以来占据农村。但党进驻西柏坡后,面临的一个重要任务就是进入城市,全面进行社会主义建设。七届一中全会上,毛泽东指出,如果我们现在还不谈到城市问题,我们就要犯大错误。此后,中央开始布置城市工作,有了进驻城市的精神准备。毛泽东在七届二中全会上指出:从现在起,开始了由城市到乡村并由城市领导乡村的时期,党的工作重心由乡村移到了城市,在城市工作中必须全心全意依靠工人阶级,用极大努力学会管理城市和建设城市,学会进行政治、经济、文化和外交方面的斗争。随着这个转变的实现,我们党的历史进入了一个新的发展时期。

第三个转变就是从革命向建设的转变。我们党过去革命28年,开展武装斗争,推翻一个旧世界,现在要建设一个新世界,改造旧中国,建设新中国。毛泽东强调,革命胜利了,严重的经济建设任务摆在我们面前。因为连绵不绝的战争使社会经济遭到了极大的毁坏。国家贫穷,民生凋敝。医治战争创伤,恢复国民经济的任务很重。发展生产事业不能不成为全党首要的中心的工作。所谓"三年五年恢复,十年八年发展",就是为实现革命向建设的转变而提出的战略构想。

2. 奠定了社会主义建设的思想基础

新民主主义革命即将胜利,我们党面临的任务就是如何带领全国人民顺利实现由新民主主义向社会主义的过渡。尽管走社会主义道路作为我们党的纲领,在一大就很明确,但直到七大,都还停留在理论上。将社会主义革命和建设提到议事日程,则是始于西柏坡时期。

在西柏坡,我们党反复强调,进入城市后的主要任务是生产建设,其他一切工作都要围绕和服务于这个中心,也就是为经济建设让道。在七届二中全会上,我们党对如何建设新中国进行了一个全面分析,对经济、政治、文化各方面的国情都有深入阐述。毛泽东指出,要改革旧的社会制度,建立新的社会制度,兴利除弊,扫荡一切污泥浊水,实行各种社会改革。同时,他也强调,我们愿意同世界上任何国家任何人做生意,不管是否是资本主义国家,只要有生意可做就做,至少现在在有几个资本主义国家的商人在同我们打交道,他们可以互相竞争。这也充分表明,在西柏坡我们党在关于社会主义建设问题上,是具有改革和开放的意识。

关于国体问题,毛泽东在西柏坡九月政治局会议上明确提出,我国的国体是以无产阶级领导的以工农联盟为基础的人民民主专政国家,在我国不能搞资产阶级的议会制和三权分立。这也说明当时我们党已经明确,在我们国家,由于国情特殊,不能走西方式民主道路,而是要建立新型的人民民主专政制度。

西柏坡时期,是社会主义革命道路的终点与建设中国特色社会主义道路起点的交汇处。正如邓小平所指出:"过去搞民主革命,要适合中国情况,走毛泽东开辟的农村包围城市的道路。现在搞建设,也要适合中国情况,走出一条中国式的现代化道路。"① 作为诞生于这一伟大时期,产生于这一历史性转变之中的西柏坡精神,在中国共产党史和社会主义建设史上具有重要意义。

3. 提出了加强执政党的建设的历史课题

在西柏坡时,中国革命即将全面胜利。当执政问题摆在中国共产党面前,提到党中央的议事日程时,共产党人会不会变成李自成?中国共产党领导的伟大的革命战争会不会变成另一次农民战争?这是毛泽东等领导人反复考虑的问题。毛泽东提出这个问题,不单纯是指能否巩固革命的胜利成果,它也关系到我们党确定的社会主义目标能否实现,适合中国国情的社会主义道路能否走下去。毛泽东在七届二中全会报告强调的"两个务必",就是旨在通过加强执政党建设,使伟大的事业有坚强的政治保证。

早在延安时期,党和毛泽东曾经认真思考过如何跳出"历史周期率"的问题,1944年组织学习郭沫若的《甲申三百年祭》就是对党的领导干部的一次历史警示教育。但延安时期中国共产党还只是在边区、根据地局部执政,那时候提出的艰苦奋斗精神,与西柏坡时期提出的"两个务必",虽是一脉相承,但历史和时代的针对性毕竟有所差别,后者更多了居安思危的忧患意识。毛泽东在七届二中全会上强调:"我们很快就要在全国胜利了。这个胜利将冲破帝国主义的东方战线,具有伟大的国际意义。夺取这个胜利,已经是不要很久的时间和不要花费很大的气力了;巩固这个胜利,则是需要很久的时间和要花费很大的气力的事情。"② 在这里,毛泽东明确提出,我们党作为领导社会主义建设的执政党,面临着很多考验,但最基本的是两个,一个是执政的考验,即掌握权力后会不会改变本色;另一个就是革命胜利后,各方面条件好了,还能不能艰苦奋斗,不断进取,保持积极向上的精神状态,保持过去那样不断追求新的目标的奋斗精神。在西柏坡时,党提出加强党的建设这一历史性课题,是非常及时、具有战略眼光和长远的指导意义的。

---

① 《邓小平文选》第 2 卷,人民出版社 1994 年版,第 163 页。
② 《毛泽东选集》第 4 卷,人民出版社 1991 年版,第 1438 页。

（二）西柏坡精神的时代意义

西柏坡精神博大精深，内涵丰富。毛泽东提出的"两个务必"，即"务必使同志们继续地保持谦虚、谨慎、不骄、不躁的作风，务必使同志们继续地保持艰苦奋斗的作风"是这一精神的主题。考察把握西柏坡精神的当代意义，关键就是要把握"两个务必"对于我们今天建设中国特色社会主义的意义。

1. 西柏坡精神是成功实现新的历史转折的强大思想武器

1949 年初，决定中国前途和命运的两大阶段的战略决战已近尾声，中国革命面临着从新民主主义革命转变为社会主义革命的第一次历史性转折。以毛泽东为代表的中国共产党人没有被胜利冲昏头脑，而是进行着清醒的思索：中国共产党人能否避免重蹈"其亡也忽"的历史覆辙？深谙中国国情的毛泽东预见到："因为胜利，党内的骄傲情绪，以功臣自居的情绪，停顿起来不求进步的情绪，贪图享乐不愿再过艰苦生活的情绪，可能生长。"① 如果任其泛滥，我们队伍中的某些人就可能被"不拿枪的敌人"所征服，"其亡也忽"就可能成为现实。在毛泽东看来，夺取全国胜利，只不过是万里长征走完的第一步，革命以后的路更长，更伟大，更艰苦。为此，他在七届二中全会上向全党敲响"两个务必"的警钟。在离开西柏坡前夕和进驻北平途中，毛泽东多次强调："我们是'进京赶考'"，发誓"我们决不当李自成"。毫无疑问，"两个务必"是中国革命第一次历史性转折的产物，它集中反映了时代的要求，科学地回答了共产党人应怎样经受革命胜利和执政考验的历史性课题。三年后处决刘青山、张子善的枪声，再次向国人表明中国共产党坚持"两个务必"的坚定决心，从而使中国共产党团结和领导全国人民实现了向社会主义革命的转变，取得建国初期社会主义革命和建设的伟大胜利。

数十年后，中国革命的第二次历史性转折又在中国大地上发生。如果说第一次历史性转折的中心任务是巩固革命胜利成果，走向社会主义，那么，第二次历史性转折的中心任务则是建设社会主义现代化，实现全体人民的共同富裕。较之第一次历史转折，第二次历史转折面临的任务更加艰巨，环境更加复杂，挑战和考验更加严峻。其一，在我们这个人口众多、经济文化发展落后且极不平衡的大国里，要完成现代化建设任务，其艰巨性、复杂性是空前的。其二，为完成现代化建设任务和推进改革开放，我国将由计划经济体制向社会主义市场经济体制转变，这必将引起社会结构和利益关系的剧烈变动，使社会矛

---

① 《毛泽东选集》第 4 卷，人民出版社 1991 年版，第 1438 页。

盾日趋复杂,社会不安定因素增加。其三,面对我国经济的高速发展,国际敌对势力也正以"西化"、"分化"的各种手段干扰我国现代化进程。加强党的建设,巩固党的执政地位,防范"西化"、"分化",将长期成为党必须面对的艰巨课题。显然,历史条件虽然变化了,但西柏坡精神并没有过时。邓小平曾告诫全党:"我们一定要恢复和发扬毛主席为我们树立的谦虚谨慎、戒骄戒躁、艰苦奋斗的优良传统和作风。"1989年邓小平又一次号召全党坚持"艰苦奋斗的创业精神"。1991年江泽民在西柏坡挥笔题词:"牢记两个务必,建设有中国特色的社会主义。"1993年江泽民又提出全党必须继承、发扬、深化和发展"两个务必"的"64字创业精神"。2002年12月,胡锦涛和中央书记处的同志来到革命圣地西柏坡学习考察,重温毛泽东在党的七届二中全会上的重要讲话。"两个务必"是我们党实现新的历史转折,完成现代化建设和改革开放任务,经受执政考验和国际斗争挑战,推动有中国特色社会主义事业健康发展的强大思想武器。

2. 西柏坡精神是进行现代化建设和改革开放的精神柱石

党的十一届三中全会以来,我们党的工作重心已转移到社会主义现代化建设上来,经济建设成为全党全国人民的中心任务;改革从农村到城市,从经济到政治、科技、教育乃至社会各个领域,正成为改变中国面貌的第二次革命;对外开放从沿海到内地,形成全方位、多层次的格局。改革开放30年来,我国经济建设取得了举世瞩目的成就。这是与坚持"两个务必"分不开的。

在现代化建设和改革开放中,保持谦虚谨慎、不骄不躁的作风,我们就能做到:其一,以正确态度对待成就与挫折。我们没有理由为所取得的成就而骄傲自满,因为我们所取得的成就与需要完成的宏伟目标相比是微不足道的;我们也没有理由为遇到的困难和挫折而悲观失望,因为完成如此艰巨的事业,遇到一些困难与挫折是不可避免的和十分正常的。任何骄傲自满和悲观失望的情绪都将延误现代化建设和改革开放的进程。我们应当在成就与进步面前谦虚谨慎,在困难与挫折面前乐观自信,在任何情况下都坚定不移,稳步扎实地将现代化建设和改革开放推向前进。其二,以正确的态度对待新情况、新问题。伴随现代化建设的发展和改革开放的推进,无数前所未有、难以预测的新情况、新问题必然纷至沓来,需要我们认识和解决;许多新课题、新领域等待我们去研究、去探索。党的各级干部只有保持谦虚谨慎、不骄不躁的作风,才能虚心学习各种新知识,努力提高解决新问题的能力,尽量减少因意气用事、盲目决策而导致的失误。其三,以正确的态度实行对外开放。我们既要虚心学习国外一切优秀文明成果，为我所用，又要克服崇洋媚外、全盘西化的倾向，避免因盲目引进、决策失误引起我国政治经济利益的重大损失，警惕国外腐朽思想文化的侵袭；既要在平等互利的基础上发展与各国人民和有关人士的友好合作关系，又要时刻维护国家和人民的权益，保持中华民族的尊严、气节和风貌。

在现代化建设和改革开放中，保持艰苦奋斗的作风，我们就能做到：其一，胆子大，步子稳。胆子大，就是克服僵化保守、因循守旧的思想观念，积极探索、勇于创新、大胆试验、敢为人先、不畏艰难、不怕挫折，在探索创新中走出社会主义新路；步子稳，就是充分认识现代化建设和改革开放的艰巨性、复杂性，通过民主化、科学化程序，制定各项重大决策，并在实施过程中及时"总结经验，对的坚持，不对的赶快改"。其二，永远保持勤俭节约、艰苦朴素的本色。当前，我国贫穷落后的面貌还没有彻底改变，人民生活水平还较低，7000万人口尚未解决温饱问题。即使将来经济发展了，人民生活富裕了，社会财富丰富了，我们也没有任何理由丢弃勤俭节约、艰苦朴素的本色。其三，永远保持自强不息、奋斗拼搏的精神。邓小平告诫我们，世界上的事情都是干出来的，不干，就半点马克思主义都没有。中国社会主义现代化事业只能依靠全国人民同心同德、埋头苦干、不畏艰险、励精图治、艰苦奋斗来实现。如果我们贪图享乐安逸，懒于探索创造，现代化只能是可望不可及的海市蜃楼。正如江泽民指出的："一个国家、一个民族，如果不提倡艰苦奋斗、勤俭建国，人们只想在前人创造的物质文明成果上坐享其成，贪图享乐，不图进取，那么，这样的国家，这样的民族，是毫无希望的，没有不走向衰落的。"①谦虚谨慎、不骄不躁、艰苦奋斗将永远是中华民族不断进取、攀登人类文明高峰的精神柱石。

3. 西柏坡精神是党经受执政和改革开放考验的理性长城

在新的历史转折时期，坚持中国共产党的领导，巩固党的执政地位，是顺利推进现代化建设和改革开放的根本保证。改革开放以来，广大党员和干部牢记"两个务必"，不仅经受了执政和改革开放的考验，而且赢得了人民的拥护和信赖。今天我们党的执政地位和在人民群众中的威望、凝聚力、号召力，是党80多年来全心全意为人民服务，为人民谋求解放，领导人民走向共同富裕的结果，是中国人民对此作出的历史性选择。"水可载舟，亦可覆舟。"党的执政地位能否巩固，取决于人民群众对党的信赖和拥护，而这又取决于全体共

---

① 《十四大以来重要文献选编》（中），人民出版社1997年版，第1195~1196页。

产党员先锋模范作用的发挥，取决于党的干部正确使用人民授予的权利，勤政廉洁。所以，各级党组织要关心群众、相信群众、依靠群众，倾听群众呼声，解决人民群众迫切希望解决的问题，制定和贯彻执行符合人民根本利益和愿望的路线、方针和政策。每一个党员都应从维护党的执政地位和社会主义事业兴衰成败的战略高度来认识腐败和官僚主义的危害，增强彻底消除腐败现象和官僚主义作风的紧迫感，采取坚强有力的措施，将反腐败斗争卓有成效地进行下去。焦裕禄一直活在人民心中，孔繁森的事迹从阿里高原传遍全国，在亿万人民心中引起震撼，正说明人民群众对端正党风，继续发扬谦虚谨慎、不骄不躁、艰苦奋斗作风的强烈呼唤和渴望。

坚持"两个务必"，有助于我们提高执政能力。首先，党的各级领导干部只要以谦虚的态度，认真研究我党自身现状及肩负的任务、所处的国内外环境、所面临的各种挑战和考验，认真学习现代科技知识和管理技能，探索未知领域，分析新情况，解决新问题；以谦虚的态度深入群众，学习和总结人民群众创造和探索的新经验，集中全体人民智慧，制定正确的路线、方针和政策，就可以避免因脱离实际而导致执政过程中的种种失误，以高超的领导艺术慎重处理各种复杂问题和矛盾，协调包括改革、发展、稳定关系在内的各种复杂关系，努力使党的路线、方针、政策成为全党和全国人民的自觉行动。其次，坚持"两个务必"，开展爱国主义、社会主义思想教育和革命传统教育，就可以提高党员和群众对资产阶级腐朽思想的免疫力，增强中华民族的自信心和凝聚力，实现以中国共产党为领导核心的全国人民的大团结。而最重要的是，坚持"两个务必"，就能够激励鞭策全国人民奋发图强，艰苦奋斗，加快现代化建设步伐，进一步增强综合国力，根本改变我国贫穷落后的面貌，最终以强大的、统一的社会主义中国崛起，使国际敌对势力"西化"、"分化"图谋彻底化作泡影。总之，坚持"两个务必"，强化执政意识，我们党就能从人民群众那里汲取无穷无尽的力量，党的执政地位就不会动摇。

（三）西柏坡精神的当代弘扬

正如前文所讲，"两个务必"是西柏坡精神的主题，对于我们今天建设中国特色社会主义有重大的现实意义。在今天弘扬西柏坡精神，关键就是要牢牢把握"两个务必"，在实践中切实履行"两个务必"。

1. 深刻把握"两个务必"的价值方位，确立弘扬西柏坡精神的思想前提

以古为鉴，可以知兴替。翻开中国的历史长卷，不难发现，王朝的兴衰

更迭，社会的治乱变迁，无不有其内在的规律性，其中之一是"忧劳可以兴国，逸豫可以亡身"，即艰苦创业，励精图治，就能长治久安；骄傲自满，贪图安逸，必然走向衰亡。对于马克思主义执政党来说，有没有强烈的忧患意识和使命意识，能不能始终保持艰苦奋斗的精神和作风，直接关系到党的执政地位，关系到党的事业的兴衰成败。"两个务必"是我们党对历史经验的科学总结，是西柏坡精神的精髓。弘扬西柏坡精神，首先需要在思想上深刻把握"两个务必"在历史上和党的发展中的地位与价值，奠定坚实的思想基础。

毛泽东"两个务必"的告诫，旨在强化全党的忧患意识，自觉认识前进道路上的困难和风险；旨在强化全党的使命意识，坚定勇于胜利的信心和坚忍不拔的意志，激发奋斗不息、开拓进取的精神，为实现伟大历史转折做好思想准备。否则，倘若忘却历史的教训，缺乏对历史转折的自觉意识，缺乏奋斗不息和开拓进取的精神，我们的党员干部就适应不了历史使命的转变，就经受不住执政后"糖衣炮弹"的袭击，就会在骄傲自满和贪图享乐中消解正气、朝气和锐气，历史的伟大转折也就难以实现，甚至有丧失胜利成果的危险。这样的事例在历史上并不鲜见。因此，在党中央离开西柏坡前往北京时，毛泽东意味深长地对周恩来说："进京赶考去。"周恩来回答："我们应当都能考试及格。"毛泽东也自信地说："我们决不学李自成，我们会考出好成绩。"

新中国成立50多年来特别是进入改革开放的新时期后，"两个务必"时时警示着处于执政地位的中国共产党，也激励着广大党员干部艰苦奋斗、开拓进取，不断取得新的胜利。邓小平指出，中国搞四个现代化，要老老实实地艰苦创业。在全面推进中国特色社会主义事业的实践中，江泽民反复强调全党要始终保持清醒的头脑，居安思危，增强忧患意识。1991年，他来到西柏坡视察并挥毫题词："牢记'两个务必'，建设有中国特色的社会主义。"江泽民还在多种场合反复强调，过去干革命需要艰苦奋斗，今天搞社会主义现代化建设，同样要靠艰苦奋斗。党的三代领导核心的重要论述深刻表明，艰苦奋斗精神是我们党的立业之本、取胜之道、传家之宝。十三届四中全会以来，我们党面临的国内外环境异常复杂，改革开放和现代化建设的任务十分繁重，可以说是外有压力、内有困难，风险不断、考验不断。然而，我们的事业却取得了辉煌的成就，胜利实现了现代化建设的第一步、第二步战略目标。这其中，"两个务必"正是激励我们顽强进取、百折不挠，在困难和考验面前巍然屹立、敢于胜利的强大精神力量。

2. 全面把握"两个务必"的深刻内涵,奠定弘扬西柏坡精神的认识基础

毛泽东在七届二中全会上提出的"两个务必"有着深刻的内涵,今天我们弘扬西柏坡精神,践履"两个务必",内在地要求我们要联系历史与现实,对"两个务必"有比较全面深刻的把握。否则,落实"两个务必",就容易演变成一句口号,而不会落实成为一个个具体的实际行动。

其一,"两个务必"蕴含了百折不挠的斗争意志。艰苦奋斗不仅要表现在物质上,更要表现在精神上。不管我们前进的道路上有多少险阻,有多大的艰难困苦,我们都要义无反顾,勇往直前。应当看到,当今的世界并不太平,霸权主义有新的发展,西方敌对势力亡我之心不死;我们的国家这些年取得了举世瞩目的成就,但是发展还很不平衡。如果我们只看到成绩,看不到不足,满足于现状,止步不前,丢掉了革命热情和拼命精神,那是非常危险的。我们只有在物质上艰苦朴素,不图享受,在精神上英勇顽强,不畏艰难,才能全面推进建设中国特色社会主义伟大事业。

其二,"两个务必"蕴含了脚踏实地的创业行动。艰苦奋斗,贵在奋斗。毛泽东在延安整风中指出:"'自由是必然的认识'——这是旧哲学的命题。'自由是必然的认识和世界的改造'——这是马克思主义的命题。"① 这就是说,认识世界的目的是改造世界,如果对世界有了一些认识,却空谈一阵,束之高阁,那是毫无意义的。推进中国特色社会主义事业,全面建设小康社会,这不是喊出来的,而是要干出来的,不干,半点马克思主义也没有。践行"两个务必",就是要求我们要按照十七大的部署,扎实苦干,力戒空谈,逐步实现各项既定目标。

3. 在党的事业发展中实践"两个务必",牢牢把握弘扬西柏坡精神的关键环节

当前,我国已进入全面建设小康社会、加快推进社会主义现代化的新的发展阶段,面临的环境、条件、任务等都发生了巨大变化。弘扬西柏坡精神,归根结底是要在全面建设小康社会,加强和改进党的建设,推进党的事业发展的历史进程中切实做到"两个务必",把弘扬西柏坡精神体现在具体行动中去。在十六大召开之后,胡锦涛等中央领导来到西柏坡,要求全党重温"两个务必",就是要在新的历史条件下进一步强化忧患意识和使命意识,迎接挑战、经受考验,不断争取新胜利。

---

① 《毛泽东文集》第 2 卷,人民出版社 1993 年版,第 343~344 页。

坚持做到"两个务必",努力实现全面建设小康社会的奋斗目标。我们胜利实现了现代化建设"三步走"战略的第一步、第二步目标,人民生活总体上达到了小康水平,但现在达到的小康还是低水平的、不全面的、发展很不平衡的小康。巩固和提高目前达到的小康水平,实现全面建设小康社会的宏伟目标,加快推进社会主义现代化,还需要继续艰苦奋斗。因此,在成绩面前,我们没有任何理由骄傲自满、停滞不前。我国正处于并将长期处于社会主义初级阶段,人口多,底子薄,人均资源贫乏,是我国的基本国情;人民日益增长的物质文化需要同落后的社会生产之间的矛盾,仍然是我国社会的主要矛盾。要在本世纪头20年全面建设小康社会,在本世纪中叶实现第三步战略目标等,任务艰巨,困难重重,这就要求我们必须始终谦虚谨慎、艰苦奋斗,肩负起历史重任,完成伟大事业。

坚持做到"两个务必",努力迎接激烈的国际竞争。我们是在国际竞争日趋激烈的形势下全面建设小康社会。经济全球化、世界多极化,科学技术的突飞猛进,使创新在经济社会发展和综合国力较量中的作用凸显。而创新是一个充满艰辛的过程,只有不畏劳苦沿着陡峭山路攀登的人,才有希望到达光辉的顶点。"形势逼人,不进则退。"一个清醒的民族要居安思危,一个成熟的政党更应未雨绸缪。只有不断增强紧迫感和危机感,才能做到未雨绸缪,保证党始终挺立于时代潮头,保证国家的发展永不停步。新时期,广大党员干部只有坚持做到"两个务必",与人民群众同甘共苦,带领人民群众开拓创新,才能赢得人民群众的信赖,才能始终保持同人民群众的血肉联系,把广大人民群众团结、凝聚在党的周围,把一切积极因素充分调动起来,同心同德,群策群力,凝聚起推进事业发展的强大力量。

坚持做到"两个务必",切实加强和改进党的建设。在改革开放和发展社会主义市场经济的条件下执政,我们党也同样面临着"赶考"。胡锦涛多次强调,要清醒地认识新环境、新任务对我们党执政的影响,解决好提高党的领导水平和执政水平、提高拒腐防变和抵御风险的能力这两大历史性课题。然而,目前党内还存在着与党的执政地位、党的历史使命不相适应的现象,如少数同志居功自傲,贪图享受,权为己用,利为己谋,形式主义、官僚主义作风严重,脱离群众。一个社会、一个民族、一个政党,如果骄傲情绪盛行,享乐思想弥漫,那么就会失去前进的动力。十七大报告指出,党要站在时代前列带领人民不断开创事业发展新局面,必须以改革创新精神加强自身建设,始终成为中国特色社会主义事业的坚强领导核心。党领导的改革开放既给党注入巨大活力,也使党面临许多前所未有的新课题新考验。强化忧患意识和使命意识,坚持做到"两个务必",是党中央根据新的形势和任务,根据党的建设的实际和干部队伍的实际,对进一步加强和改进党的建设提出的一个重要要求。广大党员干部只有时刻牢记和坚持"两个务必",大力发扬谦虚谨慎、艰苦奋斗的优良作风,同一切危害党的肌体的腐朽思想和行为进行坚决斗争,筑牢精神支柱,才能确保党的性质永远不变,党的宗旨永远不改,党的事业永葆生机。

第九章

历史透视：外在显现与内在规定

中国共产党革命精神的形成，由于地域、环境、党的主要任务等的不同，各具体形态革命精神有着各自独特的内涵和表现。同时，革命精神的形成始终坚持马克思主义的科学指导及中国共产党的坚强领导，都是以中华民族伟大的民族精神为智慧源泉，这就使得各具体形态的革命精神具有统一的精神内核。深入探讨、挖掘中国共产党革命精神的外在表现与内在规定，有助于我们全面、深入地了解中国共产党革命精神。

一、中国共产党革命精神的外在显现

纵观井冈山精神、长征精神、红岩精神、延安精神及西柏坡精神，它们因各自产生的时空条件的不同，因而都被附上了各具特色的"精神标签"。

（一）星星之火，可以燎原的气概——井冈山精神的灵魂

大革命失败后，中国革命处于低潮。这种情况下，以毛泽东为代表的中国共产党人，在共同理想与信念的召唤下，来到了井冈山。一时间井冈山上群英荟萃，竞显风流。继毛泽东之后，先后有袁文才、王佐、朱德、陈毅、彭德怀、滕代远等人率领部队参加井冈山革命根据地的创建工作。随着兄弟部队的加入，井冈山的革命队伍不断壮大，井冈山的斗争也成为"武装割据"的典范而载入史册。在共同理想与信念的鼓舞下，奋斗在井冈山的共产党人和革命群众，尽管物质生活极度贫乏，但仍然充满高昂的革命乐观主义精神。

井冈山斗争期间，在"左"倾冒险主义的干扰下，井冈山根据地遭受了1928年的"三月失败"和"八月失败"两次重大挫折，几乎使井冈山革命根据地陷入绝境，军事上的失败加上根据地物质生活条件艰苦，敌人的严密封锁和不断围剿，红军队伍中悲观情绪在蔓延，有不少人提出"红旗到底能打得

历史透视：外在显现与内在规定

多久"的疑问，也有一些动摇分子脱离革命队伍。但是以毛泽东为代表的中国共产党人并没有失望，也没有放弃自己的理想和信念，坚信革命高潮很快就会到来，认为"星星之火，可以燎原"。在他们的心目中，共产主义的理念信念就像一盏明灯一样给人们以光明和希望。在井冈山的行洲，至今还保留着一条红军标语："坚信马克思主义，坚持共产主义！"这是井冈山时期中国共产党人坚定理想信念的见证。正是在坚定的理想信念的支撑下，广大红军指战员克服困难，战胜顽敌，巩固和扩大了井冈山革命根据地。正如江泽民曾指出："井冈山的星星之火所以能够燃遍全国，走向胜利，就在于老一辈无产阶级革命家坚定的共产主义理想和始终不渝的信念。"① 这种理想信念，是井冈山军民一切力量的源泉，也是井冈山精神的灵魂。

（二）顾全大局、团结统一精神——长征精神的显著特征

长征实现了全党的空前团结，维护了党的集中统一。长征初期，党内存在严重的意见不统一。遵义会议结束了"左"倾冒险主义在党中央的统治，确立了毛泽东在党和红军中的领导地位，为全党高度团结统一奠定了思想基础。之后以毛泽东为代表的党中央又与张国焘右倾分裂主义进行了艰苦斗争。在与错误思想的斗争中，党中央始终高举团结的大旗，把革命利益放在第一位，顾全大局，讲团结，在坚持正确的原则基础上进行大量说服教育工作，团结了大多数，使全党全军在极其困难的条件下，形成了牢不可破的整体。党的最高层的集中统一指挥和正确领导是长征胜利的前提，而红军官兵之间、上下级之间，患难与共，生死相依；兄弟部队之间互相支持，互相配合，团结战斗，生死与共；广大干部以身作则，吃苦在前，享受在后，带头冲锋，英勇杀敌，这些都成为战胜强敌，征服恶劣环境的重要保证。

在艰苦的长征途中，物质条件非常困难，缺粮少穿是经常的。在这种情况下，红军部队从最高指挥员到普通战士，吃的穿的都一样，彼此帮助，互相团结，干部爱护战士，战士保护干部，同生死，共患难，团结战斗，共同杀敌，共同奏响了一曲壮烈的凯歌；各方面军、各兄弟部队之间，互相支援，互相配合，更体现了红军是一个团结战斗的集体；当时尽管张国焘搞分裂主义，反对党中央北上的正确战略方针，擅自命令红四方面军南下川康边，并另立"中央"，在部队中散布不利于团结的流言飞语，但由于党中央、毛泽东等中央领

---

① 《人民日报》，1989年10月19日，第1版。

125

导同志采取党内正确的斗争方向,由于搞分裂不得人心和讲团结是广大指战员的人心所向,所以在各方面军之间充满团结互助友爱精神。不论是红一、红四方面军的懋功会师,或者是红二、红四方面军的甘孜会师,或是会宁、将台堡红一、红二、红四方面军的大会师,都是热情迎接、互相慰问、互赠礼物、互访互学、欢腾热烈的情景。长征的历史表明,党和人民军队在长期斗争中形成的钢铁般的团结和统一,是我们党最可宝贵的精神财富之一。

(三)和衷共济的团结精神——红岩精神的重要体现

红岩精神所提倡的团结精神不仅体现在中国共产党人既团结又斗争以维护国共合作局面上,而且还反映在对民主进步人士的帮助扶持上。抗日战争进入相持阶段后,国统区成为当时民主进步人士聚居的地方。这些民主进步人士包括民族资本家、文化界名流、民主党派人士、国民党左派、具有进步倾向的地方实力派等。他们虽然情况复杂而且具有软弱动摇的特性,但是都具有抗日救国的热忱,并且对蒋介石集团的独裁统治和排斥异己政策表示不满。根据这一情况,周恩来和国统区的同志将中共中央发展进步势力、争取中间势力、孤立顽固势力的策略同国统区的具体实践相结合,制定了扶植进步团体、照顾小党派利益、进行民主运动,要求各党派有合法地位和要求政治改革等一系列统战政策,在坚持抗战、团结、进步,反对投降、分裂、倒退和实现民主政治的基础上,他们同宋庆龄、冯玉祥、黄炎培、张澜、沈钧儒、郭沫若、马寅初等广大民主进步人士建立了密切的合作关系。在与民主进步人士交往的过程中,他们十分注意工作方法,坚持"领导群众的基本方法是说服,决不是命令","使他们不感觉我们是在领导"①,这些做法赢得了中间势力对中国共产党的信赖和支持,使国民党在政治上日益陷于孤立。抗日战争期间,周恩来和国统区同志的统战工作影响深远,不仅宣传了中国共产党的政策方针,扩大了党的影响,而且还为以后建立新中国奠定了社会基础。

(四)批评与自我批评的作风——延安精神的伟大贡献

批评与自我批评是加强党的自身建设的重要方法。抗日战争爆发后,随着革命队伍的日益壮大,各种非无产阶级思想开始在党内流行。针对这种现象,党中央发出了整风运动的号召,要求全党加强思想政治教育,统一认识。毛泽

---

① 《周恩来选集》上卷,人民出版社1985年版,第131页。

东的《反对自由主义》、《纪念白求恩》、《为人民服务》、《在延安文艺座谈会上的讲话》、刘少奇的《论共产党员的修养》、邓小平的《在北方局党校整风动员会上的讲话》、陈云的《关于干部队伍建设的几个问题》等都是这方面的重要著作。总结党内斗争的正反两方面经验,以毛泽东为代表的中国共产党人在延安时期逐步确立了一套既坚持马克思主义又符合中国共产党实际的党内斗争的方针、方法,其核心就是把开展批评与自我批评作为解决党内矛盾、促进党内民主生活的主要武器。

毛泽东指出,革命者在改造客观世界的同时,也要改造自己的主观世界。随时准备坚持真理,又随时准备修正错误。① 为了统一认识,毛泽东号召全党开展批评与自我批评。他指出:"有无认真的自我批评,也是我们和其他政党互相区别的显著的标志之一。我们同志的思想,我们党的工作,也会沾染灰尘的,也应该打扫和洗涤。'流水不腐,户枢不蠹',是说它们在不停的运动中抵抗了微生物或其他生物的侵蚀。"② 为了使广大党员切实意识到开展批评与自我批评的必要性,刘少奇、邓小平、陈云等人也对批评与自我批评的意义作了深刻论述。在党中央的号召下,批评与自我批评成为整风运动的重要内容。在批评与自我批评的过程中,全党贯彻了毛泽东提出的"惩前毖后,治病救人"和"既要弄清思想,又要团结同志"的方针,真正做到了从团结的愿望出发,经过批评与斗争,达到团结的目的。通过开展批评与自我批评,党内民主气氛空前活跃,党内思想也逐渐统一。很多党员在批评与自我批评的过程中,认识到了自己的缺点和错误,分清了正确思想路线和错误思想路线的根本界限,区分了真假马克思主义,这使全党尤其是高级干部的路线觉悟大大提高。批评与自我批评已成为我们党的三大优良作风之一,党也正是在经常的批评与自我批评过程中,不断坚持真理、修正错误、克服缺点中而成熟发展起来的。

(五)谦虚谨慎,不骄不躁——西柏坡精神的主题

西柏坡时期是中国革命伟大历史性转折的时期。在新的历史关头,怎样警惕胜利冲昏头脑,防止党内骄傲情绪和执政后党内腐化产生,从而避免中国历史上农民起义失败的教训和改朝换代的周期率问题,是中共中央和毛泽东关注

---

① 《毛泽东书信选集》,人民出版社1983年版,第46页。
② 《毛泽东选集》第3卷,人民出版社1991年版,第1096页。

的中心问题之一。1948年12月14日,刘少奇在对马列学院第一班学员的讲话中,就特别强调加强党的建设的必要性。他指出,在敌人的糖衣裹着的炮弹面前,必须不断加强党的思想教育,防止骄傲自满和腐化堕落思想出现。毛泽东也要求全党要树立长期奋斗观念,指出"夺取全国胜利,这只是万里长征走完了第一步。如果这一步也值得骄傲,那是比较渺小的,更值得骄傲的还在后头"。同时毛泽东明确提出了两个"务必"的思想,说:"中国的革命是伟大的,但革命以后的路程更长,工作更伟大、更艰苦。这一点现在就必须向党内讲明白,务必使同志们继续地保持谦虚、谨慎、不骄、不躁的作风,务必使同志们继续地保持艰苦奋斗的作风。"① 面对国内外反动势力的怀疑和冷言冷语,毛泽东要求全党对革命前途充满信心,他豪情万丈地宣布:"我们有批评和自我批评这个马克思列宁主义的武器。我们能够去掉不良作风,保持优良作风。我们能够学会我们原来不懂的东西。我们不但善于破坏一个旧世界,我们还要善于建设一个新世界。中国人民不但可以不要向帝国主义者讨乞也能活下去,而且还将活得比帝国主义国家要好些。"② 两个"务必"思想,作为西柏坡精神的主题,集中反映了时代的主题,科学地提出和回答了共产党人怎样经受革命胜利和执政党地位考验的历史性课题。

二、中国共产党革命精神的内在规定

中国共产党革命精神是推动中国革命不断取得胜利的精神支撑和力量源泉。在二十几年的革命历程中,无论是在力量弱小的井冈山时期,在坚苦卓绝的长征途中,还是在白色恐怖笼罩的国统区,革命精神总是能够凝聚起广泛的爱国民主力量、激励着广大革命仁人志士,为着共产主义崇高理想而努力奋斗。革命精神有着如此巨大的凝聚力和感召力,是因为革命精神具有无产阶级革命所需要的坚定的革命理想和信念,实事求是、理论联系实际的作风,密切联系群众、全心全意为人民服务的路线,艰苦奋斗、自力更生的气节和崇高的爱国主义精神,这些内容也构成了中国共产党革命精神的本质规定。

(一) 坚定的革命理想和信念

理想信念,是一个人的精神支柱,也是一个政党、一个民族的精神支柱。

---

① 《毛泽东选集》第4卷,人民出版社1991年版,第1438~1439页。
② 《毛泽东选集》第4卷,人民出版社1991年版,第1439页。

历史透视：外在显现与内在规定

共产主义的理想和为之奋斗的坚定信念，是共产党人的一切力量来源，也是中国革命精神的灵魂。正是由于坚信革命一定能够胜利，相信共产主义一定能够实现，因而广大共产党员能够大义凛然，无所畏惧，表现出为理想信念而宁死不屈的英雄气概。革命必胜的信念是贯穿于各革命精神具体形态的核心内容，是激励中国共产党人奋勇前进的重要精神力量。

革命必胜信念源于马克思主义理论的科学性。五四运动前后，新旧思想冲突激烈，尊孔复古思潮、无政府主义思潮、实业救国思潮、社会主义思潮等各种社会思潮互相交织。中国共产党选择了马克思主义，正是源于马克思主义所具有的科学性。马克思主义是一门科学、先进的理论，其科学性主要体现在科学的认识论和方法论，它给中国共产党人科学揭示自然界和人类历史提供了强大的思想工具。剩余价值学说揭示了资本主义生产的秘密，昭示了社会主义代替资本主义的必然性，成为社会主义从空想变成现实的关键。科学社会主义学说以唯物史观为基础，运用阶级斗争分析方法，揭示了人类社会历经原始社会、奴隶社会、封建社会、资本主义社会，最终达到共产主义社会的历史发展规律，为共产党人确立共产主义理想信念提供了思想依据。百余年来的共产主义运动史表明，科学社会主义不仅是一门科学的理论，而且还具有可行性，法国的巴黎公社、俄国的十月革命都是对科学社会主义的实践。正因为马克思主义是一门科学的、先进的理论，因而当俄国十月革命一声炮响为中国送来马克思主义的时候，先进的中国人便选择了马克思主义，并确立了为共产主义而奋斗的坚定信念。如毛泽东说："我一旦接受了马克思主义对历史的正确解释以后，我对马克思主义的信仰就没有动摇过。"① 并认为，共产主义是无产阶级的整个思想体系，同时又是一种新的社会制度。这种思想体系和社会制度，是区别于任何别的思想体系和任何别的社会制度的，是自有人类历史以来，最完全最进步最革命最合理的。

革命必胜信念是革命精神的灵魂，贯穿于整个新民主主义革命过程。当革命处于高潮时，广大共产党人头脑冷静，不忘革命的长远目标；当革命遭受挫折时，他们信念坚定，善于在危难中奋斗，在绝境中奋起。革命初期，中国革命的敌人十分强大。土地革命初期，革命形势时起时落，时局十分严峻。面对挫折和困难，广大共产党人经受住了考验，渡过了一道道难关。其中井冈山根据地的创建者毛泽东、朱德等人就是恪守理想信念、坚持革命到底的典型代

---

① 斯诺：《西行漫记》，三联书店1979年版，第131页。

表。井冈山斗争期间，悲观失望情绪也曾十分流行，甚至有不少人提出了"红旗到底能打多久"的疑问。对此，毛泽东、朱德等人并没有对革命失去信心，反而以战略家的远见卓识相信"星星之火，可以燎原"，认为"在一国之内，在四围白色政权包围中间，产生一小块或若干小块的红色政权区域，在目前的世界上只有中国有这样的事情。"① 长征时期，红军队伍大量减员，革命形势处于低潮，这个时候广大的红军战士能够不畏艰险，爬雪山、过草地，勇于同强大的敌人和恶劣的环境作斗争，一个重要的原因就是那时有坚定不移的共产主义信仰，有为全国工农大众翻身解放的迫切追求。在这种信仰的支撑下，红军完成了战略大转移，来到了抗战前沿。抗战期间，在共同理想信念的召唤下，千百万热血青年不辞千辛万苦，来到革命圣地延安，又从延安奔赴各个抗日战场，用生命和激情奏响了一曲壮丽的青春之歌。解放战争后期，当全国革命即将取得胜利时，党中央和毛泽东并没有被胜利冲昏头脑，而是时时不忘把中国建设成为社会主义国家的奋斗目标，不忘"务必使同志们继续保持谦虚、谨慎、不骄、不躁的作风，务必使同志们继续保持艰苦奋斗的作风"②。在整个民主革命时期，红岩村的革命者之所以能够临危不惧，支撑他们的正是钢铁般的意志和对共产主义理想信念的执著追求。

（二）实事求是、理论联系实际的作风

实事求是、理论联系实际是中国共产党人始终坚持的马克思主义思想路线，是我们党最根本的思想方法和工作方法，是取得新民主主义革命伟大胜利的根本保证，也是革命精神具体形态所共同蕴含的重要内容。

井冈山斗争期间，毛泽东顶住来自共产国际和党内教条主义的巨大压力，立足中国国情，坚持调查研究，经过艰苦的探索，终于为中国革命找到了一条适合中国国情的新道路——井冈山道路。这条道路的科学概括，就是建立农村根据地，以农村包围城市，最后夺取城市的道路。农村包围城市道路是以毛泽东为代表的中国共产党人将马克思主义基本原理同中国革命的实践相结合的重要成果。1930年5月，针对党内一些人对马克思列宁主义和共产国际指示盲目照搬的教条主义和形而上学作风，毛泽东写了《反对本本主义》一文，在党内第一个提出了反对"本本主义"的思想。在这篇重要论著中，毛泽东提

---

① 《毛泽东选集》第1卷，人民出版社1991年版，第57页。
② 《毛泽东选集》第4卷，人民出版社1991年版，第259页。

出了"中国革命斗争的胜利要靠中国同志了解中国情况"的科学论断。尽管毛泽东在当时还没有明确提到"实事求是"几个字，但他的实事求是的基本观点，已经在这篇文章中充分地体现出来。

在延安整风期间，毛泽东在延安干部会上作了《改造我们的学习》的报告。他在报告中指出，我们研究马克思列宁主义是有目的的，这个目的就是要用马克思列宁主义之"矢"，去射中国革命之"的"。为了达到这个目的，就"要使马克思列宁主义的理论和中国革命的实际运动结合起来"，"为着解决中国革命的理论问题和策略问题而去从它找立场，找观点，找方法的"。他说："这种态度，就是实事求是的态度。'实事'就是客观存在着的一切事物，'是'就是客观事物的内部联系，即规律性，'求'就是我们去研究。"① 毛泽东把是否具有实事求是的科学态度，提到了党性、党的作风和党员起码应具备的态度的高度。

长征途中，1935年1月15日至17日，中共中央在贵州遵义举行的政治局扩大会议是中国共产党独立运用马列主义基本原理解决中国革命问题的开端。遵义会议结束了王明"左"倾冒险主义在党内的统治，在革命危险的紧急关头挽救了党、挽救了红军、挽救了中国革命。在这以后，红军继续发扬实事求是精神，避免决战，保存实力，速战速退，以退为主，保证了长征的胜利。

红军到达延安后，党中央发起整风运动，开始在思想路线上纠正左倾错误。毛泽东先后写了《论反对日本帝国主义的策略》、《矛盾论》、《实践论》、《论新阶段》、《改造我们的学习》、《整顿党的作风》、《反对党八股》等一系列文章，对实事求是思想作了进一步的阐述。他要求全党都要树立马克思主义辩证唯物主义的实事求是的思想，反对在党内长期存在并对党的建设和发展产生了许多消极影响的主观主义和党八股，改进党的作风，尤其要改进党的学风，把学习、研究马克思主义与解决中国革命斗争的实际问题结合起来，中国革命才能取得胜利。延安整风运动的一个重大成果，就是我们党通过这次普遍的马克思主义思想教育运动，把"实事求是"确立为我们党正确看待和处理马克思主义这一科学理论与中国民主革命实际运动相互关系的思想路线。

红岩精神是中国共产党将马克思主义普遍真理同中国实际相结合的产物，特别是结合抗战以来国统区的具体情况贯彻执行党的路线、方针、政策和战略与策略的产物。西柏坡时期，中国历史发生了由新民主主义革命向社会主义革

---

① 《毛泽东选集》第2卷，人民出版社1991年版，第623页。

命的巨大转变,中国共产党人以马列主义为指导,结合革命实际,对革命转变理论和社会主义建设道路问题作了讨论,对当时实现中国式的革命道路与中国式的建设道路这两条伟大道路的转换,起了重要的指导作用。历史经验证明,特别是在重要历史关头和重大思想问题上,是否自觉地坚持贯彻实事求是的思想路线,也就是能否同形形色色唯心主义、形而上学及其影响划清界限的标志所在,这是我们的事业沿着正确道路前进的根本保证。

(三) 密切联系群众,全心全意为人民服务的路线

全心全意为人民服务,密切联系群众,是我们党区别于其他任何政党的一个显著标志。我们党是在与人民群众密切联系、共同战斗中诞生、发展、壮大、成熟起来的。党离不开人民,人民也离不开党。一切为了群众、一切依靠群众,从群众中来、到群众中去的群众路线,是革命事业不断取得胜利的重要法宝,也是我们党始终保持生机与活力的重要源泉。

"为人民服务"五个字简明通俗,却有着深厚的理论根基和丰富的历史内涵。"宗旨"就是最高标准、最高原则的意思。毛泽东把中国共产党的宗旨表述为:"共产党人的一切言论行动,必须以合乎最广大人民群众的最大利益,为最广大人民群众所拥护为最高标准。"① 从理论上看,这里所回答的正是一切价值观共有的核心问题——"为什么人"的问题。"为什么人的问题,是一个根本的问题,原则的问题。"在价值观中,"为什么人的问题"就是确立价值体系的主体和标准问题:一是价值主体和客观标准,为什么人,就以他们为价值主体,以符合他们的根本利益为客观的价值标准;二是评价主体和主观标准,为什么人,就要以他们为评价主体,以符合他们的意愿为主观评价的依据。主体和标准问题在一切价值观中都居于统率和决定的地位,其他方面的原则和取向都由此确定。世界上各种对立价值观之间的根本区别,归根到底表现为究竟是为什么人。中国共产党的宗旨从价值与评价、主观与客观相统一的高度,明确而完整地回答了这个问题,它反映了党和党的事业的性质,代表了党的价值观的最高原则。我们党把肩负的历史使命与每个共产党员的人生准则联系在一起,从而确立了"全心全意为人民服务"的宗旨。在长期艰苦卓绝的革命斗争中,中华民族无数忠诚的儿女聚集在党的旗帜下,坚贞不渝地奉行这一根本价值观,为人民解放和祖国振兴而前仆后继,从而也得到了人民的支持

---

① 《毛泽东选集》第3卷,人民出版社1991年版,第1096页。

和拥护,这是中国革命取得辉煌成就的巨大动力和精神保证。

军民团结造就了井冈山根据地的"森严壁垒、众志成城",即使"敌军围困万千重,我自岿然不动"。坚定的群众路线是井冈山精神熠熠生辉的生命力之所在,也是我党的优良传统和作风;长征途中,尽管战斗十分残酷,环境十分险恶,生活极其困难,红军仍然坚持一切从人民的利益出发,紧紧依靠人民群众,严格遵守纪律,时时关心群众、宣传群众、武装群众,帮助群众建立革命政权。总政治部在布告中也明确告示:"红军是有严格纪律的军队,不拿群众一点东西,借群众的东西要送还,买卖按照市价,如侵犯群众利益的行为,每个群众都可到政治部来控告。"与此同时,红军还特别注意团结和帮助沿途的少数民族群众。红军长征有很大一部分的路程行进在少数民族地区,为了赢得少数民族对红军的支持,红军严守革命纪律,并在长征途中发布《关于瑶苗民族中工作的原则的指示》《关于对瑶民的口号》、《注意争取彝民的工作》、《关于回民工作的指示》、《少数民族工作须知》等文告、命令,宣传中国共产党的民族政策,要求广大指战员尊重少数民族的宗教信仰和风俗习惯。红军的少数民族政策得到了各民族同胞的衷心爱戴和支持。正是人民群众的支持,使红军指战员始终保持不怕任何艰难险阻、坚韧不拔、一往无前的艰苦奋斗精神。延安时期,面对抗日战争的新形势和党员人数迅速增多的实际情况,党中央对革命者的思想道德规范提出了更高、更鲜明的要求。其中重要的一项内容就是密切联系群众,全心全意为人民服务。这一时期,毛泽东提出"全心全意为人民服务"的宗旨,提出"毫不利己,专门利人"的价值观,提出"死有重如泰山,有轻如鸿毛","为人民利益而死,就比泰山还重"的生死观,都是围绕着这一内容展开的。

毛泽东指出,共产党的一切言论行动,必须以合乎最广大人民群众的最大利益,为最广大人民群众拥护为最高标准。① 他还指出:"我们这个队伍完全是为着解放人民的,是彻底地为人民利益工作的。共产党区别于其他任何政党的一个显著标志,就是全心全意为人民服务,一刻也不脱离群众;一切从人民的利益出发,而不是从个人或小集团的利益出发;向人民负责和向党的领导机关负责的一致性;这些就是我们的出发点。"② 因此,我们一切工作干部,不论职位高低,都是人民的勤务员。全心全意为人民服务,是共产党人价值观、

---

① 《毛泽东选集》第3卷,人民出版社1991年版,第1096页。
② 《毛泽东选集》第3卷,人民出版社1991年版,第1094~1095页。

人生观的集中体现,是延安精神的本质。在革命的艰苦岁月中,党的领袖和各级领导人,始终保持工农群众的角色,忘我无私,廉洁奉公,处处关心人民群众,与广大人民群众打成一片,同甘共苦,赢得了群众的支持,在根本上保证了抗日战争和解放战争的胜利。

(四)艰苦奋斗、自力更生的气节

艰苦奋斗是中国共产党人的优良传统。为了实现自己的理想,完成自己的历史任务,中国共产党人必须付出前人无法比拟的艰苦努力。与前人相比,中国共产党人的理想无疑更远大、更崇高,肩负的历史任务无疑更艰巨、更复杂。正因为如此,从党诞生那天起,艰苦奋斗就成为中国共产党人的优良作风。当1949年中国革命胜利的曙光已经在东方地平线上显露的时候,毛泽东就在西柏坡告诫全党:务必使同志们继续地保持谦虚、谨慎、不骄、不躁的作风,务必使同志们继续地保持艰苦奋斗的作风。

在井冈山,以毛泽东为代表的中国共产党人,在极为艰难困苦的条件下,自强不息,艰苦奋斗,渡过了难关,迎来了曙光。井冈山根据地军民在毛泽东为核心的党的领导下,不畏困难,以苦为荣,以非凡的智慧和毅力,想尽一切办法大搞生产自救,用自己的双手解决困难。为了打仗的需要,根据地军民创办了兵工厂、军械所,并自制土地雷和手榴弹、小松树炮。在红军医院里,没有医药就自己采集中草药治病,用竹青碾成粉末消炎;没有医疗设备,就用竹子、木板、白棉布、刀具等物代替。为打破敌人的经济封锁,井冈山还建立了红色圩场,开展红区和白区的经济贸易,许多人借此机会冒着生命危险把根据地急需的食盐、药品、棉花和经费等运进山来。在井冈山的艰苦岁月里,广大军民在党的领导下,自力更生,艰苦奋斗,最终战胜了困难,赢得了胜利。

在艰苦的长征途中,物质条件非常困难,在这种情况下,红军部队从最高指挥员到普通战士,吃的穿的都一样,彼此帮助,互相团结,在生与死的严峻考验关头,他们宁愿把生的机会留给别人,把死的危险留给自己;抗战期间,尤其是在战争进入到相持阶段以后,由于日军对敌后抗日根据地实行"三光政策",反复大规模地扫荡和分割蚕食,与此同时,国民党反动集团频频制造军事摩擦,消极抗日、积极反共,因此,根据地经济形势日益恶化,为了克服严重的财政困难和物质困难,党中央发出了"自己动手,自力更生,艰苦奋斗,克服困难"的号召,要求根据地军民共同生产,随后,各个根据地相继掀起了群众性的大生产运动。延河畔,宝塔山下,到处都可以看到八路军挥锄开荒的身影。毛泽东亲自开荒种菜,周恩来带头纺线,朱德和战士们一起开荒种地,为大生产运动增添了一道美丽的风景线。而三五九旅把荒无人烟的南泥湾,变成了陕北江南,更成为自力更生、艰苦奋斗的典范。大生产运动的开展收到了巨大成效。根据地军民边战斗,边生产,解决了粮食自给问题,减轻了群众负担,克服了严重的物质困难,改善了军民生活,密切了党群军民关系,积累了丰富的经济建设经验,为抗日战争的胜利打下了物质基础。对此,毛泽东十分自豪,他说:"我们用自己动手的方法,达到了丰衣足食的目的","我们的军队既不要国民政府发饷,也不要边区政府发饷,也不要老百姓发饷,完全由军队自己供给;这一个创造,对于我们的民族解放事业,该有多么重大的意义啊!"① 大生产运动是中国共产党人自力更生、艰苦奋斗精神进一步发扬光大,使之成为中国共产党领导全国人民争取民族独立和民族解放的精神动力;抗日战争时期,我们党在外交上,坚持"以自力更生为主,争取外援为辅",在复杂艰险的环境中,党发扬艰苦奋斗、密切联系群众的作风,不断从思想上、政治上、作风上和组织上加强自身建设,成为坚强的战斗堡垒。

(五)崇高的爱国主义精神

崇高的爱国主义精神是贯穿于中国共产党革命精神的一条主线,新民主主义时期,爱国主义主要体现在以下几个方面。

一是探索不息,寻求救国真理。十月革命一声炮响,李大钊、毛泽东等革命先驱终于找到了救国的革命真理——马克思列宁主义。他们把马列主义与中国工人运动相结合,创建了代表中国社会最先进力量的无产阶级政党——中国共产党,领导中国人民走上了彻底地反帝反封建的新民主主义革命道路。从此,中华民族的前途开始出现曙光,饱受内忧外患的中国人民有了新的希望。中国共产党人探求救国真理的艰辛历程,使爱国主义的内涵有了更高层次的升华。

二是抗日救亡,争取民族独立。20世纪30年代,日本帝国主义对中国发动了大规模的野蛮侵略战争。面对民族沦亡,中国共产党与国民党进行第二次国共合作,领导人民进行了艰苦卓绝的八年抗战,打败日本侵略者,取得百年来中华民族反帝反侵略的第一次全面胜利。在抗日战争期间,中国共产党已成为领导抗战的中流砥柱,从而为爱国主义注入了崭新的内容。第一,由少数英

---

① 《毛泽东选集》第3卷,人民出版社1991年版,第929页。

雄人物的爱国精神发展到全民抗战的爱国热忱。传统的爱国主义，往往只包含少数英雄人物的爱国精神而忽视广大人民群众的爱国情感，这是一些民族英雄"空怀移山志，无力正乾坤"，甚至功败垂成的悲剧所在。在抗日战争时期，中国共产党把人民群众作为抗战主体，提出"兵民是胜利之本"，从而激发了全国人民的爱国热情，从心底唱出了"用我们的血肉筑成我们新的长城"的时代强音。第二，从封闭的爱国意识发展到开放的爱国观念。传统爱国主义都不免带有"排外"的狭隘封闭色彩，而在抗日战争期间，中国的抗战已经和世界反法西斯战争紧紧联系在一起，成为东方的主战场。这就使人们打破了狭隘的眼界，从传统的观念中解放出来。中国共产党人从中国人民和世界人民共同的利益出发，提出"必须将爱国主义和国际主义结合起来"，"爱国主义就是国际主义在民族解放战争中的实施"①，既反对日本对中国的侵略，又积极支持兄弟国家的反法西斯战争。事实已经表明，中国抗日战争的胜利，既是爱国主义精神的胜利，也是国际主义精神的胜利。第三，从正统的忠君报国行为发展到为人民利益和共产主义理想而战。由于千百年封建礼教的影响，传统的爱国主义被打下了"忠君报国"的烙印。到了抗日战争时期，中国共产党人把爱国主义建立在国家和人民的根本利益之上，并与共产主义理想融为一体，提出"打败侵略者，建立新中国"的奋斗目标，领导军队和人民为不当亡国奴的自身利益而战，为拯救民族危亡而战，为争取实现共产主义崇高理想而战。这就使抗日战争时期的爱国主义有了坚实的思想基础，从而唤起了广大人民的抗战热忱，最后终于打败了日本侵略者。

三是推翻三座大山，走社会主义道路。在半殖民地半封建的旧中国，所有的爱国者无不梦寐以求建立一个独立、民主、富强的新中国，并为之设计了各种各样的道路。然而，地主阶级改革派希望通过求富自强的洋务运动救国，没有成功；农民阶级的太平天国起义虽创建了农民政权，但历经14年而又失败；资产阶级改良派企图通过维新变法实行君主立宪，也终成泡影；资产阶级革命派推翻封建专制统治，建立了中国历史上第一个资产阶级共和国，但不久又被北洋军阀窃夺了革命果实。只有在中国无产阶级及其先锋队中国共产党登上政治舞台后，中国革命的面目才为之一新。中国共产党从理论上和实践上第一次解决了如何正确地爱国救国的问题，指明了经由新民主主义革命走向社会主义的正确道路。在中国共产党的领导下，中国人民经过艰苦奋战，终于推翻了帝

---

① 《毛泽东选集》第2卷，人民出版社1991年版，第520~521页。

国主义、封建主义、官僚资本主义三座大山，彻底赶走了侵入中国一个多世纪的帝国主义势力，建立了独立的新中国，取得了新民主主义革命的胜利，继而又以崭新的雄姿走向社会主义，取得了社会主义革命和建设的一系列辉煌成就，实现了救国强国的百年梦想。历史雄辩地证明，只有社会主义才能救中国，只有中国共产党才具有中国历史上最先进最伟大的爱国精神和爱国力量，其爱国事业的伟大成就，是对中华爱国主义前所未有的重大贡献。

三、中国共产党革命精神的基本特点

纵观中国共产党革命精神的发生发展过程，虽然不同形态的革命精神各有其独特的精神内涵和历史价值，但革命精神的发生发展始终根植于中华民族的深厚土壤，产生于党和人民群众的伟大实践，服务于无产阶级的崇高使命。民族性、实践性、阶级性是中国共产党革命精神的显著特点。

（一）深厚的民族性

任何一个处于前进发展中的民族，它的民族精神都不是封闭的、静止的，而是根据新的实践提出的要求，总结新的实践创造出的新的精神与时俱进地发展。"今天的中国是历史的中国的一个发展。"① 中国共产党革命精神，既是中国共产党领导人民群众在革命实践中的精神产物，同时也是中华民族历史的积淀，传统的继承和升华。中华民族是一个历史悠久的伟大民族，是一个不甘屈服的民族，在与自然灾害、不平等现象和外来侵略作斗争的过程中，逐渐形成了热爱祖国、团结统一、独立自主、爱好和平、勤劳勇敢、自强不息的精神。中华民族精神，积千年之精华，博大精深，根深蒂固，具有鲜明的实践性和发展性。这些精神是中华民族千百年来所积蓄的光荣传统和优秀品质的集中体现，是中华民族的精神支柱。正是以这些精神为文化基础和思想源泉，中国共产党革命精神才内涵丰富、影响深远。

中国共产党是马克思主义真理的坚定实践者，也是中华民族优良传统的真正继承者和发展者。中国革命精神的产生和发展，正是中国共产党根据新的实践情况，在不同的地域环境和历史阶段中，对民族精神进行弘扬和发展。无论是哪种形态的革命精神，都是深深根植于伟大的民族精神和中华民族深厚的文

---

① 《毛泽东选集》第2卷，人民出版社1991年版，第534页。

化土壤之中。毛泽东说："中华民族有同自己的敌人血战到底的气概，有在自力更生的基础上光复旧物的决心，有自立于世界民族之林的能力。"共产党人在国家面临内忧外患的深重灾难时所表现出的对共产主义的不懈追求，对敌人残暴统治的英勇反抗，誓将革命进行到底的大无畏精神，都是数千年来中华民族民族精神的延续。中国共产党革命精神，就是中国共产党人把马克思主义同中华民族优秀文化传统相结合的产物，具有鲜明的民族特色和中国气派。中国共产党革命精神的嬗变过程，就是民族精神的提炼与升华的过程，是中华文明发展与演进的过程。

（二）突出的实践性

辩证唯物主义认为，精神并非是虚无空洞的，精神来源于实践，产生于实践过程中，并对实践具有能动的反作用。中国共产党革命精神的产生和发展，不是中国共产党人凭空臆想出来的，也不是后人追授的，而是来源于中国革命伟大的实践。没有"工农武装割据"的实践，就没有井冈山精神；没有爬雪山、过草地，渡险滩的实践，就不会产生长征精神；没有优秀共产党人在国民党白色恐怖和垂死淫威前的英勇斗争和浴血奋战，也不会凝炼出红岩精神……中国共产党革命精神，是中国共产党在马克思列宁主义指导下，带领人民群众在波澜壮阔的革命实践中形成和发展起来的，是推动革命事业不断向前发展和取得最终胜利的精神支撑。

中国共产党革命精神的实践性，突出地表现为革命性。无论是井冈山精神、长征精神、红岩精神、延安精神还是西柏坡精神，都是中国共产党人把马克思主义普遍真理同中国具体实际相结合，实事求是、求真务实的研究、解决中国革命问题，指导革命胜利的有力武器。共产党人在革命实践中所体现出的崇高的理想境界、坚定的理想信念、巨大的人格魅力、浩然的革命正气，是指导和带领人民群众誓死"打破旧社会、建立新中国"的指路明灯，是凝聚各方面的爱国民主力量形成爱国统一战线的磁石，是激励人民群众自力更生、艰苦奋斗、战胜各种艰难险阻的力量源泉。

（三）鲜明的阶级性

中国共产党革命精神的产生和发展是阶级斗争的产物，阶级性是中国共产党革命精神的显著特征。革命精神的阶级性也即党性。中国共产党是革命精神的缔造者，中国共产党在革命实践中催生了伟大的革命精神，革命精神也总是服务和服从于中国共产党领导的革命和建设事业。实践已经证明,中国共产党革命精神是中国共产党不断将革命和建设事业从胜利推向更大胜利的宝贵的精神财富。

中国共产党革命精神的阶级性突出地表现为先进性。革命精神的先进性是由中国共产党的先进性所决定的。中国共产党的诞生是马克思主义同中国工人运动相结合的产物。中国共产党自成立之初,就旗帜鲜明地把马克思主义作为自己的指导思想,李大钊、毛泽东等党的创始人始终把传播马克思主义作为崇高使命和政治追求。中国共产党在坚持马克思主义的同时,更注重实事求是地应用和发展马克思主义。党没有把马克思主义作为教条、框框来指导中国的革命和建设事业,而是根据中国的国情创造性地运用与发展马克思主义,不断推进马克思主义的中国化进程。中国共产党是工人阶级先锋队,是工人阶级和中华民族整体利益的忠实代表,始终把最广大人民的根本利益作为制定路线、纲领和方针政策的出发点与落脚点。毛泽东指出:"共产党人的一切言论行动,必须以合乎最广大人民群众的最大利益,为最广大人民群众所拥护为最高标准。"① 革命战争时期,面对国民党的残暴统治和外敌对我主权和领土侵犯、国人的屠杀,共产党始终站在工人阶级和劳苦大众的阶级立场,带领人民群众为推翻封建统治,建立新中国而开展艰苦卓绝的革命运动。中国共产党革命精神的发生发展,始终是为无产阶级革命服务,为实现广大人民群众的根本利益服务,具有鲜明的无产阶级先进性。

---

① 《毛泽东选集》第3卷,人民出版社1991年版,第1096页。

第十章

弘扬发展：理论指南与实践要求

新民主主义革命时期，党结合社会发展的要求和革命实践，弘扬伟大民族精神，锻造了井冈山精神、长征精神、延安精神、红岩精神和西柏坡精神等革命精神，为革命注入了鲜活生机，推动了革命在艰难曲折中走向胜利。人类社会是不断向前发展的，中国共产党革命精神也应随着时代的发展而不断地丰富。新时期，要适应时代的呼唤，促进革命精神的新发展，就必须在建设中国特色社会主义的伟大实践中大力弘扬和发展革命精神。

一、中国共产党革命精神弘扬发展的理论指南

重视发挥高尚精神的力量和注重高尚精神的培植，是中国共产党的优良传统。无论是在民主革命时期，还是在社会主义建设时期，中国共产党都高度重视弘扬与培育革命精神和民族精神。党的四代领导集体在不同时期、不同场合都对弘扬发展民族精神和革命精神作出了精辟的论述。这些理论概括是我们弘扬发展革命精神的根本指南。

（一）毛泽东关于弘扬发展革命精神的论述

在革命战争时期，以毛泽东为代表的共产党人就特别重视革命精神的力量，重视弘扬民族精神，培育革命精神。"中华民族是一个有光荣革命传统和优秀历史遗产的民族。中华民族不但以刻苦耐劳著称于世，同时又是酷爱自由、富于革命传统的民族。"① 1937年10月19日，毛泽东在延安陕北公学鲁迅逝世周年纪念大会上的讲话中，将政治的远见、斗争精神和牺牲精神概括为伟大的"鲁迅精神"，并号召把"鲁迅精神"带到全国各地的抗战队伍中去。

---

① 《毛泽东选集》第2卷，人民出版社1991年版，第623页。

关于革命文化与革命进程关系，毛泽东曾指出："革命文化对于人民大众，是革命的有力武器。革命文化，在革命前，是革命的思想准备；在革命中，是革命总战线的一条必要和重要的战线。"①

毛泽东尤为强调青年、共产党员以及人民军队在发扬革命精神中要发挥模范带头作用。1938年4月，毛泽东在延安抗日军政大学第四期第三大队开学典礼上告诫学员，一定要具备艰苦奋斗的工作作风和抗日救国的决心。"青年人是有勇气的，你们要到老到死，都不动摇、都不退缩。……你们要为中华民族的解放，为建设新中国而永不退缩，勇往直前，要坚决地为全国四万万五千万同胞奋斗到底。"② 1938年10月，在中国共产党第六届中央委员会扩大的第六次全体会议上，毛泽东强调："共产党员在八路军、新四军中，应该成为英勇作战的模范，执行命令的模范，遵守纪律的模范，政治工作的模范和内部团结统一的模范"，"我是历来主张军队要艰苦奋斗，要成为模范。"③

抗日战争前夕，毛泽东就鲜明概括出我党"理论联系实际、密切联系群众、批评和自我批评"的三大优良作风，并指出："我们共产党人好比种子，人民好比土地。我们到了一个地方，就要同那里的人民结合起来，在人民中间生根、开花。"④

新中国成立之后，毛泽东仍然强调全党同志一定要保持革命战争时期的革命热情和拼命精神。"我们要保持过去革命战争时期那么一股劲，那么一股革命热情，那么一种拼命精神，把革命工作做到底。"⑤

（二）邓小平关于弘扬发展革命精神的论述

对青年进行革命精神教育，是邓小平的一贯要求。1955年9月，邓小平在全国青年社会主义建设积极分子大会上讲话指出："要求青年成为是非分明和意志坚强的人。你们要无限忠诚地保卫祖国的社会主义建设而同一切国内外敌人作无情的斗争。你们要敢于同旧的东西决裂，抛弃那些同社会主义不相容的封建主义的和资产阶级的东西，你们要向懒惰、腐化、官僚主义挑战，向一切违法乱纪的坏人坏事展开斗争。你们要不懈息地帮助落后的人前进。你们要

---

① 《毛泽东选集》第2卷，人民出版社1991年版，第708页。
② 《毛泽东文集》第2卷，人民出版社1993年版，第63页。
③ 《毛泽东选集》第2卷，人民出版社1991年版，第522页。
④ 《毛泽东选集》第4卷，人民出版社1991年版，第1162页。
⑤ 《毛泽东文集》第7卷，人民出版社1999年版，第285页。

坚决地为社会主义新事物开辟道路。"① 针对少数青年中存在的害怕困难、不愿吃苦耐劳等不良倾向，邓小平指出："要在全体青年中发扬艰苦奋斗的正气，反对自私自利的歪风……帮助广大青年自觉地克服自己的弱点，勇敢地、愉快地迎接自己的战斗任务。"②

对于党员、干部，邓小平也明确要求他们要传承党在革命时期形成的崇高革命精神和优良传统。他曾强调指出："我们的党员、干部，特别是高级干部，一定要努力恢复延安的光荣传统，努力学习周恩来的榜样，在艰苦创业方面起模范作用。"③

邓小平十分注重学校教育在革命精神教育中的重要地位。"学校要大力加强革命秩序和革命纪律，造就具有社会主义觉悟的一代新人，促进整个社会风气的革命化。"他指出："革命的理想、共产主义的品德，要从小开始培养。""我们要大力在青少年中提倡勤奋学习、遵守纪律、热爱劳动、助人为乐、艰苦奋斗、英勇对敌的革命风尚，把青少年培养成为忠于社会主义祖国、忠于无产阶级革命事业、忠于马克思列宁主义毛泽东思想的优秀人才，将来走上工作岗位，成为有很高的政治责任心和集体主义精神，有坚定的革命思想和实事求是、群众路线的工作作风，严守纪律，专心致志地为人民积极工作的劳动者。"④

邓小平在许多场合都曾强调社会主义现代化建设时期必须发扬革命精神。1979年，邓小平在中国文学艺术工作者第四次代表大会上发表贺词时要求文艺工作者要"同教育工作者、理论工作者、新闻工作者、政治工作者以及其他有关同志相互合作，在意识形态领域，同各种妨害四个现代化的思想习惯进行长期的、有效的斗争。要批判剥削阶级思想和小生产守旧狭隘心理的影响，批判无政府主义、极端个人主义，克服官僚主义。要恢复和发扬我们党和人民的革命传统，培养和树立优良的道德风尚，为建设高度发展的社会主义精神文明作出积极的贡献。""文艺创作要充分表现我们人民的优秀品质，赞美人民在革命和建设中、在同各种敌人和各种困难的斗争中所取得的伟大胜利。"⑤ 1985年，邓小平在全国科技工作会议上讲话强调，建设具有中国特色社会主

---

① 《邓小平论教育》，人民教育出版社1995年版，第25页。
② 《毛泽东邓小平江泽民论弘扬和培育民族精神》，学习出版社2003年版，第120页。
③ 《邓小平文选》第2卷，人民出版社1994年版，第260页。
④ 《邓小平文选》第2卷，人民出版社1994年版，第105页。
⑤ 《邓小平文选》第2卷，人民出版社1994年版，第209页。

义，一定要坚持发展物质文明和精神文明，教育全国人民做到有理想、有道德、有文化、有纪律。"理想和纪律特别重要。我们一定要经常教育我们的人民，尤其是我们的青年，要有理想。为什么我们过去能在非常困难的情况下奋斗出来，战胜千难万险使革命胜利呢？就是因为我们有理想，有马克思主义信念，有共产主义信念。"① 他指出："要团结就要有共同的理想和坚定的信念。我们过去几十年艰苦奋斗，就是靠用坚定的信念把人民团结起来，为人民自己的利益而奋斗。"②

十一届三中全会以后，邓小平反复强调要教育全党同志发扬大公无私、服从大局、艰苦奋斗、廉洁奉公的精神，坚持共产主义理想和共产主义道德。邓小平明确重申毛泽东关于人是要有一点精神的思想，并联系新时期的实际，概括出党在长期革命斗争中形成的五种精神：革命和拼命精神，严守纪律和自我牺牲精神，大公无私精神和先人后己精神，压倒一切敌人、压倒一切困难的精神，坚持革命乐观主义、排除万难去争取胜利的精神。他要求全体党员在正确的政治方向指导下，大力弘扬党在长期革命斗争中形成的这五种精神。

（三）江泽民关于弘扬发展革命精神的论述

江泽民多次重申毛泽东关于发挥革命精神作用的思想，多次引述邓小平所概括的五种革命精神，并提出了在新的历史时期"需要用什么样的精神来进一步凝聚、激励广大干部和人民群众，同心同德，克服困难，开拓前进，去夺取改革开放和现代化建设的新胜利"③ 这样一个崭新命题。

1990年2月21日，在为号召全国进一步弘扬雷锋精神的题词中，江泽民强调："学习雷锋同志，弘扬雷锋精神。"同年3月23日，在同北京大学学生座谈时，江泽民要求当代大学生要继承中华民族的优秀传统和精神。他指出，我们中华民族之所以能在世界上屹立五千年，就是因为我们有着优秀的民族传统和精神。

1991年5月9日，在与优秀残疾人和助残先进集体、个人座谈时，江泽民将"自强不息"概括为中华民族的民族精神，并要求全党全国人民都要继承和发扬自强不息的精神，为加快社会主义现代化建设步伐而奋斗。1992年，

---

① 《邓小平文选》第3卷，人民出版社1993年版，第110页。
② 《邓小平文选》第3卷，人民出版社1993年版，第190页。
③ 《人民日报》，1997年1月30日，第1版。

在党的十四大上,江泽民强调:在全党大力提倡解放思想、改革创新的精神,尊重科学、真抓实干的精神,顾全大局、团结协作的精神,谦虚谨慎、崇尚先进的精神,艰苦奋斗、无私奉献的精神,把共产党人的先进性在社会主义物质文明和精神文明建设中充分发挥出来。

1993年3月31日,江泽民在八届全国人大一次会议上的讲话中明确指出:"我国的社会主义现代化建设还处于艰巨的创业时期。伟大的创业实践,需要有伟大的创业精神来支持和鼓舞。"①

1994年1月24日,在全国宣传思想工作会议上的讲话中,江泽民提出了"以高尚的精神塑造人"的命题,并在1996年1月24日召开的全国宣传部长会议上予以再次强调。他说:"我们说的高尚精神,就是指我们党的崇高理想和信念、优良传统和作风,包括中华民族几千年形成、发展起来的优秀传统文化和美德","要在我们这样一个经济、文化比较落后的国家实现社会主义现代经济,如果没有一批又一批、一代又一代用高尚精神武装起来的先进分子,如果没有这些先进分子团结和带领广大群众共同奋斗,是不可能成功的。"②

1998年9月28日,在全国抗洪抢险总结表彰大会上的讲话中,江泽民从提升综合国力的高度强调继承和发扬民族精神,他指出:"一个民族、一个国家,如果没有自己的精神支柱,就等于没有灵魂,就会失去凝聚力和生命力。有没有高昂的民族精神,是衡量一个国家综合国力强弱的一个重要尺度。综合国力,主要是经济实力、技术实力,这种物质力量是基础,但也离不开民族精神、民族凝聚力,精神力量也是综合国力的重要组成部分。"③

2001年12月18日,江泽民在中国文联第七次全国代表大会、中国作协第六次全国代表大会上的讲话时指出:"发展和繁荣先进文化的一个极为重要的任务,就是要使我们的民族和人民在建设有中国特色社会主义事业的征程上,始终保持奋发有为、昂扬向上的精神状态","一个民族,没有振奋的民族精神,没有高尚的民族品格,没有坚定的民族志向,不可能自立于世界先进民族之林。我们必须不断增强全民族的精神力量,不断丰富全民族的精神世界。唯有这样,才能万众一心、坚韧不拔地向前奋进。"④

2002年5月31日,在中央党校省部级干部进修班毕业典礼上的讲话中,

---

① 《江泽民文选》第1卷,人民出版社2006年版,第301页。
② 《江泽民文选》第1卷,人民出版社2006年版,第503页。
③ 《江泽民文选》第2卷,人民出版社2006年版,第230~231页。
④ 《江泽民文选》第3卷,人民出版社2006年版,第400页。

江泽民再次指出,要把培育和弘扬民族精神作为文化建设的一个极为重要的任务,使广大人民在建设有中国特色社会主义的征途上,始终保持奋发有为、昂扬向上的精神状态。

2002年11月8日,在党的十六大会议上,江泽民对弘扬和培育民族精神的问题进行了更加丰富和深刻的论述。他指出:"民族精神是一个民族赖以生存和发展的精神支撑。一个民族,没有振奋的精神和高尚的品格,不可能自立于世界民族之林。在五千多年的发展中,中华民族形成了以爱国主义为核心的团结统一、爱好和平、勤劳勇敢、自强不息的伟大民族精神。我们党领导人民在长期实践中不断结合时代和社会的发展要求,丰富着这个民族精神。面对世界范围各种思想文化的相互激荡,必须把弘扬和培育民族精神作为文化建设极为重要的任务,纳入国民教育全过程,纳入精神文明建设全过程,使全体人民始终保持昂扬向上的精神状态。"① 这一论述,深刻分析了民族精神在一个民族生存发展中所具有的重要意义,精辟概括了中华民族伟大民族精神的科学内涵及其内在结构,明确揭示了中华民族伟大民族精神的发展源泉及民族精神的当代发展与民族精神的悠久传统之间的内在关系,提出了弘扬和培育伟大革命精神和民族精神的根本任务和现实举措。

(四) 胡锦涛关于弘扬发展革命精神的论述

在新的历史时期,以胡锦涛为总书记的党的新一代中央领导集体坚持辩证唯物主义和历史唯物义主义的基本原理,继承中国共产党人注重发挥精神对物质反作用的优良传统,特别强调精神活动在人们改造客观世界进程中的能动作用。

2002年12月,在全党上下认真学习贯彻十六大精神的热潮中,胡锦涛和中央书记处的同志来到革命圣地西柏坡学习考察,回顾党带领人民进行伟大革命斗争的光辉历史,重温毛泽东在党的七届二中全会上的重要讲话,特别是其中关于"两个务必"的重要论述,号召全党同志特别是领导干部大力发扬艰苦奋斗的作风,为深入贯彻"三个代表"重要思想、全面落实党的十六大确定的目标和任务,开拓进取、团结奋斗。

在西柏坡学习考察中,胡锦涛强调,我们一定要牢记毛泽东倡导的"两个务必",首先要从自身做起,从每一位领导干部做起。同时,胡锦涛指出,

---

① 《江泽民文选》第3卷,人民出版社2006年版,第559~560页。

历史和现实都表明，一个没有艰苦奋斗精神作支撑的民族，是难以自立自强的；一个没有艰苦奋斗精神作支撑的国家，是难以发展进步的；一个没有艰苦奋斗精神作支撑的政党，是难以兴旺发达的。我们党是靠艰苦奋斗起家的，也是靠艰苦奋斗发展壮大、成就伟业的。艰苦奋斗作为我们党的优良传统和作风，作为我们马克思主义政党的政治本色，是凝聚党心民心、激励全党和全体人民为实现国家富强、民族振兴共同奋斗的强大精神力量，是我们党保持同人民群众血肉联系的一个重要法宝。越是改革开放和发展社会主义市场经济，越要弘扬艰苦奋斗的精神。胡锦涛强调，发扬艰苦奋斗的作风，要同贯彻落实党的基本理论、基本路线、基本纲领和基本经验紧密结合起来，同全面贯彻落实"三个代表"重要思想紧密结合起来。大力弘扬艰苦奋斗的精神，关键是领导干部要以身作则，首先是高级干部要率先垂范。

2003年4月，胡锦涛在中共中央政治局第四次集体学习时发表重要讲话。他充分肯定了弘扬中华民族精神、增强中华民族凝聚力的重要作用，并号召全国人民在当前防止非典型性肺炎的斗争中，发扬万众一心、众志成城、团结一致，和衷共济、迎难而上、敢于胜利的精神。

2003年9月，胡锦涛在江西考察工作时，特地前往瑞金、兴国、于都等革命老区，瞻仰了毛泽东旧居、红军烈士纪念塔、中华苏维埃共和国临时中央政府等革命旧址。胡锦涛说，回顾我们党在极端艰苦的条件下创建人民军队、开辟革命根据地、建立红色政权的那段峥嵘岁月，我们深深感到，毛泽东等老一辈革命家，不仅为实现民族独立、人民解放和国家富强建立了不朽的历史功勋，而且给我们留下了极其宝贵的精神财富。革命前辈们在艰苦卓绝的革命斗争中培育起来的革命精神和优良传统，对我们坚定信念、鼓舞斗志、做好工作具有重大的现实意义，永远是我们在前进道路上战胜各种困难和风险、不断夺取新胜利的强大精神力量。今年是毛泽东诞辰110周年。我们要教育全党全国人民学习和发扬毛泽东等老一辈革命家为祖国、为民族、为人民矢志奋斗的崇高精神和高尚品德，坚定不移地把他们开创的、几代共产党人为之持续奋斗的事业继续推向前进。

2004年4月，胡锦涛在陕西考察工作时指出，延安精神是我们党的优良传统和宝贵财富，过去是、今天仍然是我们战胜困难、取得胜利的法宝。我们坚持和发扬延安精神，很重要的就是要大力弘扬求真务实精神、大兴求真务实之风。2006年春节，胡锦涛在延安考察时进一步指出，延安精神是我们党的性质和宗旨的集中体现，是我们党的优良传统和作风的集中体现，是中国共产党人崇高品德和伟大情怀的集中体现。

2006年10月22日，在纪念红军长征胜利70周年大会上，胡锦涛发表重要讲话。他指出，70年前中国共产党领导红军进行的震惊世界的长征，实现了中国革命从挫折走向胜利的重大转折，谱写了我们党、军队和中华民族历史上的壮丽篇章。在艰苦卓绝的斗争中培育的伟大的长征精神，一直是激励我们战胜困难、勇往直前的强大动力和宝贵财富。胡锦涛强调，今天我们纪念红军长征，就是要缅怀革命先辈的不朽功勋，继承光荣革命传统，发扬伟大长征精神，同心同德、艰苦奋斗，在建设富强民主文明和谐的社会主义现代化国家、实现中华民族伟大复兴的新长征道路上不断创造新的业绩。

二、中国共产党革命精神弘扬发展的实践概略

新中国成立后，中国共产党进一步继承和发扬革命精神，在社会主义革命和社会主义建设的新的实践中，形成了抗美援朝精神、大庆精神、"两弹一星"精神、雷锋精神、焦裕禄精神、抗洪精神、抗击"非典"精神、抗震救灾精神等一系列崇高精神，把革命精神推向一个新的发展阶段。

（一）抗美援朝精神

1950年，美国悍然发动侵朝战争，对世界和平、对我们年轻的共和国构成严重威胁。毛泽东主席和中央人民政府审时度势，及时、果断地发出了"抗美援朝、保家卫国"的伟大号召。中国人民志愿军雄赳赳气昂昂地跨过鸭绿江，抗击美国侵略者。经过近三年艰苦卓绝的浴血奋战，中朝人民和军队，终于把侵略者赶回到"三八线"以南，夺取了抗美援朝战争的伟大胜利。虽然这场中国人民进行的"抗美援朝，保家卫国"的战争已经过去了半个多世纪，但这场战争体现出来的祖国和人民的利益高于一切、为了祖国和民族的尊严而奋不顾身的爱国主义精神，英勇顽强、舍生忘死的革命英雄主义精神，不畏艰难困苦、始终保持高昂士气的革命乐观主义精神，为完成祖国和人民赋予的使命、慷慨奉献自己一切的革命忠诚精神，以及为了人类和平与正义事业而奋斗的国际主义精神却愈益显得重要和珍贵。

1. 祖国和人民的利益高于一切，为了祖国和民族的尊严而奋不顾身的爱国主义精神

在抗美援朝战争期间，全国人民激发出了空前的爱国主义热情。空前的爱

国主义热情,鼓舞和激励着全国人民倾尽全力支援战争,夺取战争胜利。在战场上,面对美帝国主义的侵略,中国人民志愿军表现出了不畏强暴、不怕牺牲、一往无前的革命英雄主义精神。志愿军英勇顽强、勇往直前的斗争精神,同甘共苦、团结战斗的优良作风,高度的组织纪律性,高超的军事素质和指挥艺术,得到了充分的体现。正因为如此,志愿军才能克服重重困难,才能打败用现代化武器武装起来的敌人。

2. 英勇顽强,舍生忘死,特别能吃苦,特别能战斗的革命英雄主义精神

中国人民志愿军在朝鲜战场上的作战,由于敌我双方武器、装备对比优劣悬殊,遇到了许多难以想象的困难,战争的艰苦性、艰巨性和残酷性,在人民解放战争史上也是空前的。以美国为首的侵略者,在朝鲜战场上一度占据着陆上优势、空中优势和海上优势。但中国人民志愿军这一正义、威武、文明之师,不怕鬼,不信邪,英勇善战,敢打敢拼,不怕流血牺牲,有压倒一切敌人的气概。在朝鲜作战的广大志愿军指战员,也发扬了我军爬雪山、过草地的精神,上下一心,同甘共苦,密切协同作战,顶住了敌人的狂轰滥炸,克服了高山、严寒、后勤供应紧张、常常缺衣少食、武器比较落后等种种困难,始终保持了高昂的斗志,以集中优势兵力消灭敌人,以近战、夜战、坑道战等灵活机动的战略战术,从清川江到上甘岭,从陆地、海上到空中,志愿军所向披靡,令敌人闻风丧胆。

3. 高度的爱国主义与国际主义相结合的民族精神

这场战争教育了中国人民,唤醒了中国人民,也动员组织了中国人民,提高了中国人民的政治觉悟,增强了民族自尊心和自信心,极大地激发了中国人民的爱国热忱,"国家兴亡,匹夫有责",在战场上志愿军直接帮助朝鲜人民抗击美国侵略者,在国内开展了史无前例的轰轰烈烈而又扎扎实实的抗美援朝爱国运动,广大中国人民把自己和国家联系起来,把抗美援朝和保家卫国联系起来,把爱国主义和国际主义高度统一起来,积极参军参战和支前、订立爱国公约、开展生产竞赛,为争取抗美援朝战争胜利,为国家建设贡献自己的最大力量。

4. 不畏强敌,敢于斗争,敢于胜利的精神

新中国在各方面严重困难的情况下,在敌我双方经济力量和军队武器装备对比强弱悬殊的情况下,面对美国的战争挑衅,中共中央能够作出组成中国人民志愿军"抗美援朝、保家卫国"的战略决策,是需要充分的勇气和胆略的。这种胆略是建立在维护国家和民族最大利益的基础上的,是建立在中朝两国人

民当时和长远的共同利益基础上的,同时也是建立在科学分析,估计到最好和最坏等几种可能的战争结局上的,并为争取最好结局做了最大的努力。抗美援朝战争的胜利保卫了新生的中华人民共和国,极大地鼓舞了中国人民的革命斗志,充分显示了中国人民的强大威力和不可战胜的英雄气概。一个百年积贫积弱的民族,一个刚刚从战争废墟中站起来的国家,在如此困难的条件下,面对强敌,不仅敢于斗争,而且善于斗争,赢得了辉煌的胜利。世界终于认识到,中国不再是那个任人欺凌的国家,中国已成为任何人都不能忽视的力量,中华民族已崛起在东方。中国人民志愿军用自己的鲜血和生命,洗去的是百年来蒙在中华民族身上的耻辱,捍卫的是中华民族的尊严。

(二) 大庆精神

大庆精神,形成于20世纪60年代初我国著名的大庆石油会战,集中体现了中华民族和中国工人阶级的优良传统和优秀品质。大庆精神又称作"铁人"精神,是同"铁人"王进喜的名字连在一起的。王进喜原是玉门油矿钻井队队长。1960年3月19日,王进喜率领1205钻井队开赴大庆参加石油会战。大庆油田开发初期,是国家"三年困难时期"最严重的岁月,在极其困难的地方和极其困难的条件下,大庆人"有条件上,没有条件,创造条件也要上"。在发生井喷的危险时刻,王进喜带着伤腿,首先跳进泥浆池,搅拌固井泥浆,压住了井喷,被当地群众誉为"铁人"。1990年春天江泽民总书记在视察大庆油田时,把大庆精神概括为"为国争光、为民族争气的爱国主义精神,独立自主、自力更生的艰苦创业精神,讲求科学、'三老四严'的求实精神,胸怀全局、为国分忧的奉献精神"。江总书记的精辟概括,使大庆精神丰富的内涵更加深刻、更富有时代特征。

1. 为国争光、为民族争气的爱国主义精神

爱国主义是人们对祖国的一种深厚的情感,是一个民族、一个国家经济发展和社会进步的强大动力。当年,大庆石油会战所洋溢的那种知难而进,不甘落后,决心改变我国石油工业落后面貌的群体意识,以王进喜为代表的英雄模范所表现出来的革命加拼命的英雄主义气概,集中展现了石油职工为国争光、为民族争气的强烈爱国主义情怀。几十年来,这种强烈的爱国主义精神深深扎根于大庆油田,扎根于石油战线,鼓舞石油职工始终以祖国石油事业的振兴为己任,埋头苦干,锐意进取。20世纪60年代,在我国工业严重缺少石油的时候,大庆石油职工不迷信外国专家认为"中国没有石油","中国石油储量极

其贫乏"的论调，决心甩掉"贫油国"的帽子。在党的领导下，以王进喜为代表的大庆工人队伍明确表示："我就不信石油就只埋在他们的地下，不埋在我们地下！"他们克服重重困难，一举拿下了大庆油田，甩掉了贫油国的帽子，为国家和民族争得了荣誉和主动权。

2. 独立自主、自力更生的艰苦创业精神

大庆石油会战是在困难的时候、困难的地点、困难的条件下进行的。当时，国外敌对势力对我国实行经济封锁和军事威胁，国内连续三年遭受自然灾害，国民经济发生了严重困难，国家迫切需要石油。在缺乏勘探开发大型油田经验又毫无国际援助的情况下，能不能独立自主地探明大庆油田，更是一场严峻的考验。面对恶劣的自然环境和财力、物力的严重匮乏，以王进喜为代表的石油工人立志要改变中国贫油的面貌。王进喜常说："我不管别人怎么说和想，反正我这辈子是不要享受，一辈子干下去，为革命艰苦奋斗一辈子。"在这一精神鼓舞下，他们不是等、靠、要，而是充分发挥主观能动性、创造性和积极性，发愤图强，自力更生，"没有条件，创造条件也要上"。

3. 讲求科学、"三老四严"的求实精神

科学求实就是尊重实践，遵循事物发展的客观规律。当年大庆石油会战，把革命精神和科学态度紧密结合起来，坚持实践第一的观点，坚持矛盾分析的方法，探索和掌握油田开发的客观规律，大搞科学试验和技术攻关，以科学求实的精神和严谨认真的作风攻克了一道道难题，创造了世界石油发展史上的一个个奇迹。"三老四严"作风便是大庆油田科学求实精神的具体体现。"当老实人，说老实话，办老实事"和"严格的要求，严密的组织，严肃的态度，严明的纪律"为基本内容的"三老四严"作风，是大庆油田工人高度责任心和严格的科学管理制度的结合体。在勘探开发中，每口井都取全、取准20项资料、72个数据。地质人员对地下的48个油层、698个油砂体进行100万次的分析对比。为了弄清原油在铁路运输中的温度变化，确定冬季油库合理的加热温度，技术人员手持温度计，顶着寒风，跟随油罐车行程上万公里。为了及时掌握油层变化规律，科技人员每天从2万多口油井中录取10万多个数据资料，每年对地下和地面情况组织两次大检查。正是这些数以亿计、完整准确的资料数据，才为实现连续20多年稳产提供了依据。

4. 胸怀全局、为国分忧的奉献精神

大庆职工胸怀全局，坚持把国家利益放在第一位。当时开发大庆油田，国家资金有限。大庆石油职工首先面临的是先建石油城还是先把会战搞上去的问题,在处理国家与个人、生产与生活的关系上,大庆石油职工提出:"先国家后个人"、"先生产后生活",并以"宁肯少活20年,拼命也要拿下大油田"的英雄主义气概,苦战三年就拿下了大庆油田,一举摘掉了长期压在中国人民头上的贫油帽子。大庆石油会战,不仅为国家创造了大量的物质财富,而且培养锻炼了一支铁人式的石油职工队伍,产生了影响深远的、集中体现中华民族和中国工人阶级优良传统与优秀品质的大庆精神。20世纪90年代,大庆石油资源锐减,困难日益增大。大庆人以大局为重,为国分忧,以科技为先导,大力挖潜,同时又寻找接替资源,保持稳产高产5000万吨以上。党和国家希望大庆油田稳产到2005年,而大庆人以求实精神向更高目标前进,他们果敢地提出,保持原油5000万吨稳产到2010年。这是大庆人在世纪之交的艰苦奋斗,顾全大局,勇挑重担,为国分忧,无私奉献精神的生动体现。

(三)"两弹一星"精神

从20世纪40年代起,随着美国原子弹爆炸的成功,核能进入了实际应用阶段。核能的应用极大地推进了科技进步和生产力的发展。但是,事物总是一分为二的,原子弹所展示的巨大威力,又成为少数几个掌握核技术国家进行核垄断、核讹诈、核威胁的本钱,威胁着人类的安全和生存。刚刚诞生的新中国百废待举,面对国际上严峻的核讹诈形势和军备竞赛的发展趋势,以毛泽东为核心的党中央第一代领导集体毅然作出研制"两弹一星"(即核弹、导弹和人造卫星)、突破国防尖端技术的战略决策。在党和国家的正确领导下,中国科技人员和中国人民解放军指战员发扬了爱国主义、集体主义的革命传统精神,坚持独立自主、自力更生、艰苦奋斗、勇于创新的原则,经过几代人的不懈努力,战胜了重重的困难,终于研制成功了"两弹一星":1960年11月5日,我国成功地发射了第一枚自主研制的近程导弹;1964年10月16日,我国第一颗原子弹爆炸成功;1966年10月27日,我国第一颗装有核弹头的地地导弹飞行爆炸成功;1967年6月17日,我国第一颗氢弹空爆试验成功;1970年4月24日,我国第一颗"东方红一号"人造地球卫星发射成功。从此之后,我国的国防科技工业不断发展壮大,使我国成为少数独立掌握核技术和空间技术的国家之一。

"两弹一星"事业所取得的巨大成就,是中国人民挺直腰杆站起来的重要标志,极大地鼓舞了全党全军全国人民的斗志,增强了民族凝聚力,激发了振兴中华的爱国热情。正如邓小平所指出的:"如果六十年代以来中国没有原子弹、氢弹,没有发射卫星,中国就不能叫有重要影响的大国,就没有现在这样的国际地位。这些东西反映一个民族的能力,也是一个民族、一个国家兴旺发达的标志。"① 江泽民对"两弹一星"精神作了精辟概述,指出:"在为'两弹一星'事业进行的奋斗中,广大研制工作者培育和发扬了一种崇高的精神,这就是热爱祖国、无私奉献,自力更生、艰苦奋斗,大力协同、勇于登攀的'两弹一星'精神。"他还指出:"'两弹一星'精神,是爱国主义、集体主义、社会主义精神和科学精神的活生生的体现,是中国人民在二十世纪为中华民族创造的新的宝贵精神财富。"②

1. 伟大的爱国主义精神

"两弹一星"的伟大实践,自始至终高扬着爱国主义的伟大旗帜,贯穿着祖国至上的伟大精神。特别是老一辈科学家对祖国的赤子之心,为我们树立了光辉的榜样。"两弹一星"的功臣们,许多人都在国外学有所成,拥有优越的科研和生活条件,为了祖国的富强和中华民族的昌盛,他们冲破重重障碍和阻力,毅然回到祖国。几十年中,他们为了祖国和人民的最高利益,默默无闻,艰苦奋斗,以其惊人的智慧和高昂的爱国主义精神创造着人间奇迹。爱国主义是他们创造、开拓的动力,也是他们克服一切困难的精神支柱。中国航天事业的先驱钱学森,费尽种种周折,放弃了国外优越的待遇毅然回到祖国,满腔热忱地投身于祖国的国防科研事业,为中国的火箭、导弹和航天事业的建设作出了卓越的贡献,表现出强烈的爱国主义热忱。

2. 自力更生,艰苦奋斗精神

自力更生精神,在"两弹一星"研制过程中具有特殊的重要意义。1959年6月,苏联单方面撕毁了在原子能、火箭、航空等技术方面援助中国的协定,下令撤走苏联专家并带走重要图纸。"两弹一星"的研制遇到了前所未有的困难。国外一些人兴高采烈,甚至断言,中国的核工业已遭到"毁灭性打击",中国"二十年也搞不出原子弹来"。永不屈服、不甘落后的中国人民又一次挺直了民族的脊梁,义无反顾地迎着困难上,独立自主地进行核研究,解决了一个又一个的难题,最终研制成功了原子弹、氢弹,而且创造了令世界震惊的速度。"从爆炸第一颗原子弹到爆炸第一颗氢弹,美国用了七年零四个月,苏联用了四年,英国用了四年零七个月,法国用了八年零六个月,而我国

---

① 《邓小平文选》第3卷,人民出版社1993年版,第279页。
② 《江泽民论有中国特色社会主义》(专题摘编),中央文献出版社2002年版,第396~397页。

弘扬发展：理论指南与实践要求

只用了两年零八个月的时间，速度是世界上最快的。"① 这清楚地说明，要发展我国的高技术和尖端技术，只有依靠自己的力量，自力更生，才能获得成功。正如周恩来总理所说的："自力更生是革命和建设事业的基本立脚点。"② 艰苦奋斗精神在"两弹一星"的研制过程中，同样具有特殊的重要意义。我国早期的导弹发射和核试验基地，都是1958年开始在大西北的戈壁滩上建设的。那里的环境异常恶劣，我们的创业者们立下了"以场为家，以苦为荣；死在戈壁滩，埋在青山头"的誓言。他们住帐篷，睡地窖，喝苦水，战风沙，以昂扬的斗志战胜艰难困苦，创造了一流的业绩。

3. 团结协作精神

团结协作，是社会主义制度能够集中力量办大事优势的突出体现，也是"两弹一星"取得成功的宝贵经验。"两弹一星"是国防科技尖端项目，涉及到许多学科交叉的科技领域和工业经济部门。在"两弹一星"各个型号研制过程中，除了中科院和核工业、航天工业以外，先后有冶金部、化工部、机械部、航空部、电子部和铁道部、石油部、地质部、建设部等26个部委和20个省、市、自治区，包括近千家工厂、科研机构、大专院校等参加了攻关会战。由于研究工作需要，许多科研部门和生产单位，都把自己最优秀的科研人才和优秀技术人才调出，以大局为重。尤其令人感动的是，当中央一旦决策，全国立即行动，只要是"两弹一星"的协作配套任务，就保质、保量地按时完成；只要是"两弹一星"任务的需要，都毫无保留地全力支持。团结协作精神，保证了"两弹一星"研制工作的顺利完成。

（四）抗洪精神

1998年，中国人民同历史上罕见的大洪水展开了一场空前的殊死决战。在党中央的领导下，全党全军全国人民以自己的行动、罕见的勇气和力量，战胜了这场自然灾害，确保了长江、嫩江、松花江大堤的安全，确保了重要城市的安全，确保了人民生命财产的安全。在这次抢险中所体现的精神是无价的，江泽民曾把它概括为："万众一心、众志成城，不怕困难、顽强拼搏，坚韧不拔、敢于胜利的伟大抗洪精神。"③ 这是对人民群众战胜自然斗争精神的高度

---

① 《关于建国以来党的若干历史问题的决议注释本（修订）》，人民出版社1985年版，第182页。
② 《周恩来选集》下卷，人民出版社1984年版，第440页。
③ 江泽民《在全国抗洪前线总结表彰大会上的讲话》，《十五大以来重要文献选编》（上），人民出版社2000年版，第548页。

153

概括和精辟阐述。

1. 万众一心，众志成城

"万众一心，众志成城"，体现了中华民族的一种强大凝聚力，体现了抗洪军民乃至全国人民在中国共产党的领导下，面对百年一遇特大洪水的威胁和考验所表现出来的党心、军心、民心的空前团结和凝聚。中华民族是具有强大凝聚力的伟大民族，愈是大敌当前、灾难深重，这种凝聚力愈是发挥其维系全民族的强大力量。在抗洪斗争中，党中央、国务院自始至终密切关注着长江和嫩江、松花江的汛情和抗洪形势，时刻关心着灾区人民的安危冷暖。党和国家领导人亲临灾区，考察汛情、部署抗洪救灾工作，体现出人民公仆是人民群众的"贴心人"。从省委、省政府领导到基层党政干部，既是指挥员，又当战斗员，身体力行、舍己为人，赢得了群众的信任、赞扬和拥戴。灾区广大人民群众，人民解放军指战员、武警官兵和公安干警齐心协力、并肩战斗，干群关系、军民关系如战争年代一样的密切和融洽。全国各族人民凝聚力空前加强，成为第一线抗洪军民的坚强后盾，各行各业、各条战线都伸出援助之手，纷纷捐款捐物支援灾区抗洪抢险和重建家园。团结就是力量，更何况是12亿中国人民的团结一心，足以使社会主义制度的巨大优越性在抗洪斗争的关键时刻发挥作用。据统计，中国人民解放军和武警官兵共有36万多人参加了抗洪抢险斗争，各级地方党委和政府部门组织了800多万干部群众参加抗洪抢险斗争，加上为抗洪抢险提供直接服务的部门、地区的力量，总数达1亿人次。抗洪抢险斗争规模之大、气势之壮烈、场面之动人，属历史罕见。军政一致、军民一致、上下一致、党群一致、干群一致、万众一心，全力投入抗洪抢险斗争，充分显示了中华民族团结的力量，是集体主义精神的体现。正是这种无坚不摧的集体力量，才使洪灾的损失减到最小的程度。

2. 不怕困难，顽强拼搏

1998年的抗洪抢险斗争持续时间之长、惊涛骇浪之大，是历史上少有的。在抗洪抢险的紧要关头，干部没有退缩，群众没有被吓倒，面对肆虐的洪水，奋起保卫自己的家园。千里江堤随时都有溃决的危险，哪里危险，我们的人民子弟兵和干部就出现在哪里。人民解放军和武警部队全力以赴，勇往直前，承担着最紧急、最艰难、最危险的任务，用血肉之躯筑起了坚不可摧的中流砥柱。在危急关头，有多少共产党员、领导干部、解放军战士累倒在大堤、受伤在水中，甚至为抢救群众、战友献出了生命。与抗洪斗争相关的水利、水文、气象、测绘等多条战线的科学技术专业工作者，废寝忘食地搜集、分析水情、

弘扬发展：理论指南与实践要求

汛情资料，制定科学合理的防汛抗洪方案，有的直接战斗在抗洪一线为领导决策提供科学依据。这次抗洪抢险斗争，无异于一场规模宏大的战役，战线之长、规模之大、汛情之急、水情之险，都属前所未有。但是广大军民正如一支训练有素的军队，将是良将、兵是精兵，保证了从前线指挥、兵力部署到后勤供应的正确得当，以顽强的战斗力确保了抗洪斗争的胜利。

3. 坚韧不拔，敢于胜利

"坚韧不拔，敢于胜利"，显示了抗洪军民的"韧"性和"刚"性，体现了中国人民对自己的事业具有坚强的意志和必胜的信念。这次特大自然灾害是对人的体力极限、精神极限的最大挑战。也正是在迎击这种挑战中，形成了抗洪精神的最强音；这次特大洪水，危害范围广、持续时间长，人被累乏、堤被泡软，抗洪抢险物资一次又一次被用完，在滔滔洪水面前，军民展开了殊死的战斗，没有后退一步。洪水涨一尺，军民的斗志高一丈。越是险情危急，人们的战斗劲头越高。没有坚强的意志和耐力，没有敢于胜利的信心和把握，没有强大的综合国力为后盾，就很难面对凶猛的接踵而来的八次冲击波，始终坚持严防死守，沉着应战，夺得一个又一个重大胜利。在抗洪抢险的斗争中，涌现出了高建成、李向群、吴良珠等英雄模范人物，他们以异乎寻常的毅力坚持"严防死守，人在堤在，誓与大堤共存亡"，真是惊天动地。人们还看到这样的场面，当六七级的大风卷着巨浪向子堤扑来时，无数共产党员、解放军战士、武警官兵、公安干警以及共青团、民兵、敢死队员一个个跳入水中，手拉手，用血肉之躯抵挡着狂风巨浪的袭击。就是这样，伟大的中国人民用自己钢铁般的意志，坚韧不拔的毅力，敢于胜利的精神，舍生忘死，最终降服了肆虐的洪魔。

（五）抗击"非典"精神

2002年11月以来，我国一些地区发生了传染性非典型肺炎疫情，面对非典型肺炎这场突如其来的重大灾害，共产党员冲锋在前、勇挑重担；人民群众团结一致、相互支援；医务工作者舍生忘死、前仆后继；科技工作者夙兴夜寐、全力攻关。在党中央、国务院的坚强领导下，全国人民奋起抗击非典型肺炎疫病。

在全国上下与"非典"病魔斗争中，我们看到一个民族不屈的崇高品格，看到了源自民族灵魂深处强大的凝聚力。2003年4月28日下午，胡锦涛总书记在主持中共中央政治局进行的第四次集体学习时强调，要大力弘扬中华民族精神，充分运用科学技术力量，为防治非典型肺炎斗争提供强大精神动力和强大科技支持，坚决打赢这场攻坚战。胡锦涛总书记指出："中华民族是具有伟大民族精神的民族。千百年来，中华民族之所以能够历经磨难而不衰，饱尝艰辛而不屈，千锤百炼而愈加坚强，靠的就是这种威力无比的民族精神，靠的就是各族人民的团结奋斗。越是困难的时候，越是要大力弘扬民族精神，越是要大力增强中华民族的民族凝聚力。在当前这场防治非典型肺炎的斗争中，我们要大力弘扬万众一心、众志成城，团结互助、和衷共济，迎难而上、敢于胜利的精神，形成抗击疫病的强大合力，彻底战胜'非典'"。胡锦涛总书记所强调的"万众一心、众志成城，团结互助、和衷共济，迎难而上、敢于胜利"的精神，就是对抗击"非典"精神的高度概括。

1. 万众一心，众志成城

中华民族从来就有危急时刻万众一心共渡难关的传统。越是艰难困苦，越在危急关头，越能同舟共济，共赴时艰。当"非典"病魔袭来，从城市到乡村，从沿海到内地，从第一线的医生护士、科研人员到公交车司机、集贸市场摊贩……全社会立即紧急动员起来。党中央、国务院自始至终密切关注着疫情和抗击"非典"的形势，时刻关心着病人和疫区人民的安危冷暖。胡锦涛、温家宝等党中央、国务院领导亲临抗击"非典"第一线，将个人安危置之度外，给全国人民以极大鼓舞。从省委、省政府领导到基层党政干部，身体力行，赢得了群众的信任、赞扬和拥戴。在突发疫情面前，各级领导和广大干部群众万众一心、众志成城，"把方便留给别人，把困难留给自己；把安全留给别人，把危险留给自己；把幸福留给别人，把痛苦留给自己。"在抗击"非典"这样一个没有硝烟的战场，个人与他人、个人与社会的关系从未如此紧密，13亿人民同心同德、齐心协力，心往一处想、劲往一处使，形成了抗击疫病的强大合力，筑起抗击"非典"的坚固长城。

2. 团结互助，和衷共济

"团结互助，和衷共济"，就是面对困难，团结一致、共同行动，互相帮助、互相关心，一方有难八方支援、休戚与共、共闯难关。"非典"是我们共同的敌人，疫情是我们共同的挑战。危急关头，携手并进、共御顽敌，成为亿万人民的共同心声。一封封慰问信、一个个问候电话、一笔笔无私的捐赠，给患病群众以无微不至的关爱，给医护人员以满腔热情的支持，生动而形象地体现了中华民族同呼吸、共命运、心连心、血浓于水的深情厚意。在抗击"非典"过程中，各级科技部门、科研单位和广大科技工作者积极请战，主动出击,与有关部门和地方通力协作,密切配合,在疫情信息收集、隔离阻断传染病源、稳定社会心理等方面提供切实可行的科学决策依据和实施手段,使"非典"得到全面、有效的控制。公安部门、交通部门、公共管理部门等积极配合,为抗击"非典"提供了有力的社会保障。人人讲责任,个个尽义务,处处想到他人,也成为广大人民群众的共同信奉的准则。在抗洪斗争中,手挽手、肩并肩,表现的是团结互助;在抗击"非典"的斗争中,早发现、早报告、早隔离、早治疗,讲大局,讲秩序,讲纪律,讲责任,同样是团结互助、和衷共济的鲜明体现。

3. 迎难而上,敢于胜利

"迎难而上,敢于胜利",就是逆境中决不沉沦,挑战前从不退缩,实事求是地分析形势,沉着冷静地面对挑战,坚韧不拔地克服困难,在困难和挑战面前不惊慌、不退缩、不悲观,坚定信心,顽强拼搏,坚决同病魔斗争到底。面对"非典"病毒突如其来的灾难,全国各族人民迎难而上,势不可挡,志不可移。我们的医生、护士、后勤人员甚至那些临时工、保洁员都以大无畏的精神投入到抗击"非典"的战斗中。"苟利国家生死以,岂因祸福避趋之。"这正是我们民族伟大精神的光辉写照。"明知有生命危险,但也不能畏惧,既然选择了医护的职业,在病人需要的时候,就要往前冲,没有退路。"自从"非典"疫情爆发以来,广大医务工作者勇敢地站在这场斗争的最前线,置个人安危于度外,忠实履行职责,为保护人民群众的身体健康和生命安全作出重要贡献。前面有白衣战士倒在了不见硝烟的战场,一批又一批医护人员又从祖国的四面八方走向抗击"非典"的最前沿。66岁的中国工程院院士钟南山,日夜战斗在救治"非典"病人第一线,总结出一套救治"非典"病人的有效疗法,而自己却累倒在岗位上;老军医姜素椿,74岁高龄依然奋不顾身救治"非典"病人,被感染后又毅然在自己的身上试验新疗法;"这里危险,让我来",广东省中医院护士长叶欣总是哪里最苦最累最危险就冲到哪里,直至献出自己宝贵的生命。他们是600万白衣战士的杰出代表,在他们背后,更屹立着一个个团结战斗的英雄集体。正是他们的无私无畏,正是他们的敬业拼搏,使一个个患者获得新生,使世界从中国得到防治"非典"的有效方法。战斗在抗击"非典"第一线的广大工作者,发扬救死扶伤、无私奉献的精神,以对人民极端负责的态度和大无畏的英雄主义气概,恪尽职守,舍身忘我,全身心地投入到救治患者的工作中,谱写出一曲曲可歌可泣的英雄赞歌,凝聚起坚不可摧的新时代的伟大民族精神。历史和现实昭示了一个颠扑不破的真理:无论是顺境还是逆境，无论是面对成绩还是遭遇灾难，无论是改革建设还是抗击"非典"，只要全国人民上下一条心，拧成一股绳，就一定能够形成强大的凝聚力和战斗力，战胜各种困难和风险，最终降服肆虐的病魔。

（六）抗震救灾精神

2008年5月12日，四川汶川发生里氏8.0级特大地震。这次地震灾害，破坏之大，损失之重，世所罕见。这场灾难，是对中华民族的又一次严酷考验。在大灾面前，中华民族再一次凝聚起空前的民族力量，再一次锤炼和升华了伟大的民族精神。6月12日，李长春在北京参观"抗震救灾众志成城——2008中国抗震救灾大型新闻图片展"时强调，在抗震救灾斗争中展现出来的伟大民族精神，是中华民族的宝贵精神财富，是进行爱国主义和社会主义教育的生动教材。要在全社会大力弘扬万众一心、众志成城、不畏艰险、百折不挠的抗震救灾精神，进一步激励全国各族人民开拓奋进，为夺取全面建设小康社会新胜利、谱写美好生活新篇章而努力奋斗。"万众一心、众志成城、不畏艰险、百折不挠"的精神，是对抗震救灾精神的集中概括。

1. 万众一心，众志成城

面对灾难，中华民族又一次显示了万众一心，众志成城的伟大力量。灾难发生后，党中央把抗震救灾作为首要工作，把抢救被困群众作为头等大事。在抗震救灾的关键时刻，胡锦涛总书记亲赴四川灾区，指导工作。在灾难发生的当天晚上，温家宝总理就奔赴灾区，指挥救灾。灾难面前，一大批关键时刻冲得上、危难关头过得硬的党员干部，挺身而出，靠前指挥，充分发挥了先锋模范带头作用。正是他们的身先士卒，凝聚起一支支意志坚强的抗震大军；正是他们的模范作用，让受灾群众从废墟中看到希望。灾区群众感叹："在共和国任何艰难时刻，能为人民顶得起天的就是党员这个顶天立地的群体！"

地震突如其来，救灾十万火急，灾情就是命令，人民军队冲在了抗震救灾的最前列。地震发生不到半小时，人民解放军和武警部队就不畏艰险、星夜兼程、多路突进，以最快速度赶赴灾区，展开救援。在各个地震重灾区，奋不顾身的救援官兵与死神展开惊心动魄的生死竞速。正是他们的舍生忘死，让灾区的群众增强了信心，增添了力量。抗震救灾又一次证明，人民军队是捍卫国家安全的钢铁长城，是维护人民利益的忠诚卫士，是抗击自然灾害的中流砥柱。

面对灾难，各种爱心志愿行动，有力地彰显了全国人民同呼吸、共命运、心连心。当大批志愿者与救援部队一起日夜奋战在灾区时，奉献、友爱、互助的精神在中国人心中蓬勃生长，人性的光芒在中国大地上熠熠生辉。

地震毁坏了美丽的家园，使数万同胞失去生命，人民群众面临巨大的困难。然而，正如胡锦涛总书记所说，"任何困难都难不倒英雄的中国人民。"有党的坚强领导，有人民军队的冲锋在前，有危难时刻凝聚起来的万众一心、众志成城的民族精神，中华民族不屈的脊梁，任何困难难不倒！任何重压压不垮！

2. 不畏艰险，百折不挠

历磨难而不衰，遭挫折而不馁，临逆境更坚强。在巨大的灾害面前，中华民族又一次选择了挺住，选择了坚强。灾难是空前的。上万人员伤亡，无数房屋倒塌，灾区道路被毁，电力、通讯中断，惨状超出想象。面对这空前的灾难，党和政府表现出非凡的反应能力、决策能力、动员能力和组织能力；人民表现出令人感动、令人赞叹的顽强意志。

突发的地震灾害，考验着人民军队。人民军队在余震不断、房倒路绝之时，火速开进灾区。同样的血肉之躯，与废墟瓦砾进行着血肉之争；同样的骨肉亲情，在大灾面前让位于大情大爱。余震袭来不却步："我还能再救一个"；失去亲人不回家："救人是对亲人最好的怀念"；身体受伤不离队："我还能坚持"。这就是人民群众称之为"特别能战斗、特别能吃苦、特别能奉献"的新时代"最可爱的人"。胡锦涛总书记在视察地震灾区时称赞广大官兵："你们不愧为人民子弟兵！"有这样一支拯民众于水火、挽狂澜于既倒的"主力军"，我们的国家和人民就能傲然挺立！

灾区人民是自强的人民。在地震灾区，到处都是挥汗忙碌的身影，到处都是紧张工作的场面，灾区人民在抗震救灾中谱写了一曲抗击天灾的英雄壮歌。大灾面前，我们见证了生死边缘普通群众的无私与无畏；我们感动于十多万救援人员对灾难中生命的不弃不舍。响彻中华大地的"不哭！""挺住！""加油！"声，正是中华民族精神的悠远回响！这种在灾难面前所展现的顽强抗争，反映了中华民族愈挫愈奋的精神状态和坚韧不拔的精神品质。

三、中国共产党革命精神弘扬发展的当代要求

中国共产党革命精神是历史的产物，但并没有随着历史的发展而湮没在特定的历史阶段。在新的历史条件下，全党全社会必须继续弘扬与发扬革命精神，使之成为建设中国特色社会主义事业的强大精神力量。

(一) 把弘扬革命精神纳入国民教育和精神文明建设全过程

在党的十六大上,江泽民强调,面对世界范围各种思想文化的相互激荡,必须把弘扬和培育民族精神作为文化建设极为重要的任务,纳入国民教育全过程,纳入精神文明建设全过程,使全体人民始终保持昂扬向上的精神状态。① 这一论述,精辟地概括了我们党关于弘扬和培育民族精神的根本思路和实施战略,也为我们在实践中弘扬发展民族精神的崭新形态——革命精神提供了理论依据。

把弘扬革命精神纳入国民教育和精神文明建设的全过程,作为弘扬革命精神的一种根本思路和实施战略,其精神实质在于,我们必须明确弘扬革命精神在整个国民教育和社会主义精神文明建设事业中的重要地位,切实将弘扬革命精神作为国民教育和社会主义精神文明建设的重要内容和重要目标予以高度重视;必须从国民教育和社会主义精神文明建设的整体出发,规划革命精神的弘扬和培育,保证弘扬革命精神和国民教育、社会主义精神文明建设的其他各个方面的工作相互促进,协调发展;必须将弘扬革命精神贯穿于国民教育和社会主义精神文明建设的各个环节、各个方面,保证弘扬革命精神获得有效的落实措施、实施形式和运作载体。实践这一根本思路与实施战略是一个系统工程,其关键在于,要采取有效措施,保证国民教育能够有力地担负起弘扬革命精神的庄严职责;要在深化社会主义精神文明建设的系统工程中为弘扬革命精神创造文化条件、整合有效资源。

在弘扬革命精神的系统工程中,教育始终处于基础性地位。在第三次全国教育工作会议上,江泽民特别强调要高度重视教育在增强民族凝聚力方面的重大作用。他指出,中华民族的凝聚力"来自中华民族的优良传统,来自我们共产党人的崇高理想和社会主义制度的优越性,来自爱国主义、集体主义、社会主义和马克思主义教育。正确的世界观、人生观、价值观的确立,民族优良传统的发扬,共同理想和精神支柱的形成与巩固,科学文化水平的提高,都离不开教育工作,而这些都是我们民族凝聚力的重要基础和内容。我们的各级各类教育机构,我们的全体教育工作者,对增强包括民族凝聚力在内的综合国力,承担着庄严的职责"②。教育以提高国民素质为根本宗旨,包括革命精神

---

① 江泽民:《全面建设小康社会 开创中国特色社会主事业新局面》,人民出版社2002年版,第39页。
② 《毛泽东邓小平江泽民论教育》,中央文献出版社2002年版,第274~275页。

弘扬发展：理论指南与实践要求

在内的民族精神是反映国民整体素质的重要尺度。国民教育要有力地担负起弘扬革命精神的庄严职责，必须将弘扬革命精神作为自己明确的目标和任务；国民教育体系中的各级各类教育机构都要坚持弘扬革命精神，共同促进国民素质的整体提升；国民教育的各个层次各个环节、德智体美等各种教育内容体系都要贯穿弘扬革命精神的根本任务和要求。国民教育中加强革命精神教育，尤为要抓好"学校教育"这一主阵地，在大中小学开设政治理论课和思想道德课，是我国学校教育的传统和优势。革命精神教育必须抓住和利用这一优势，推动革命精神进教材、进课堂、进学生头脑。同时，也要把革命精神教育的要求渗透到学校教育的各门课程之中，体现到各种形式的课外实践活动中，融入到学校的日常管理工作之中，整体构建革命精神的教育体系。

在把弘扬革命精神纳入国民教育全过程的同时，我们还必须以更加开阔的思路，从社会主义精神文明建设的整体出发来思考、规划、落实弘扬革命精神。社会主义精神文明建设，既是社会主义的重要特征，同时也是社会主义现代化建设的重要目标和重要保证。在经济、政治、文化、社会四个方面建设中，精神文明建设具有举足轻重的地位。精神文明建设为社会主义现代化建设提供强大的思想保证、精神动力、智力支持和人才支撑。我国精神文明建设的根本目标和任务是坚持以科学的理论武装人，以正确的舆论引导人，以高尚的精神塑造人，以优秀的作品鼓舞人，培育有理想、有道德、有文化、有纪律的公民，提高全民族的思想道德素质和科学文化素质。因此，弘扬革命精神是社会主义精神文明建设的题中之义。新时期，必须把弘扬革命精神与推进马克思主义中国化进程结合起来，把革命精神的传承和发展作为马克思主义理论研究与建设工程的重要课题；把弘扬革命精神与先进文化建设结合起来，在先进文化建设中充分挖掘革命精神的时代内涵和当代价值；把弘扬革命精神与思想道德建设结合起来，用中国特色社会主义共同理想和坚定的理想信念凝聚和团结各族人民，深入探讨革命精神在社会主义市场经济中的新要求和表现形式，建立起以为人民服务为核心，以集体主义主义为原则，以诚实守信为重点的社会主义思想道德体系；必须在发展社会主义文化事业中，做好做大弘扬革命精神的文化作品和文化产业。

（二）把弘扬革命精神纳入社会主义核心价值体系建设全过程

社会主义核心价值体系是一个内涵丰富的科学体系，同时也是在继承中发展，在实践中不断推进的科学体系。中国共产党革命精神是中国共产党带领中国人民不畏强权强敌、克服艰难险阻，取得新民主主义革命胜利的精神支撑和动力源泉，是社会主义核心价值体系在革命战争年代的重要体现。

1. 中国共产党革命精神是社会主义核心价值体系在新民主主义革命时期的重要体现

每一个社会有其赖以支撑的核心价值体系。社会主义，无论从社会理想、指导思想还是社会制度，都表征着一种与无产阶级和广大劳动人民的自由解放息息相关的价值诉求，是一种有别于资本主义的价值选择，有着自己独特的社会核心价值体系。党的十六届六中全会第一次明确提出"社会主义核心价值体系"的科学命题，指出："马克思主义指导思想，中国特色社会主义共同理想，以爱国主义为核心的民族精神和以改革创新为核心的时代精神，社会主义荣辱观，构成社会主义核心价值体系的基本内容。"这四个方面相互联系，相互贯通，辨证统一。社会主义核心价值体系既突出了我们党和国家的指导思想，又强调社会主义理想信念的重要作用；既继承、吸收中国文化的优秀传统，又结合当今社会主义精神文明的本质特征，指明了社会主义和谐文化的发展方向和基础内容。

社会主义核心价值体系是一个内涵丰富的科学体系，同时也是在继承中发展，在实践中不断推进的科学体系。中国共产党革命精神是中国共产党带领中国人民不畏强权强敌、克服艰难险阻，取得新民主主义革命胜利的精神支撑和动力源泉，是社会主义核心价值体系在革命战争年代的重要体现。

马克思主义是中国共产党革命精神的思想基础。革命精神是建立在对社会发展规律的科学认识基础之上合乎时代进步的科学世界观，是马克思主义基本原理与中国具体实际相结合的光辉结晶。中国共产党成立之初就把马克思主义写在自己的旗帜上，在革命的不同阶段，党始终坚持以马克思主义为指导，运用马克思主义基本原理不断研究和解决中国革命遇到的新情况新问题，不断推动马克思主义中国化进程，创立了指导中国革命的科学理论，催生了革命精神的形成和发展，从而推动了新民主主义革命进程。正如胡锦涛在纪念红军长征胜利70周年大会上的讲话中指出："伟大的红军长征，翻开了马克思列宁主义基本原理同中国革命具体实践相结合的新篇章，开创了中国革命的新局面，培育了中国共产党和人民军队的革命精神。"①

中国共产党革命精神是共产党人崇高理想的生动体现。一个民族的共同理

---

① 《人民日报》，2006年10月23日，第1版。

想深深植根于历史使命之中，在半殖民地半封建的旧中国，中国共产党的历史任务和目标就是推翻"三座大山"，建立社会主义新中国。正是在改变半殖民地半封建的社会性质，建立社会主义制度的共同理想激励下，中国共产党把广大人民群众紧紧团结起来，组织起来，开展艰苦卓绝的革命斗争，才取得了新民主主义革命的伟大胜利。

民族精神是革命精神的智慧源泉，以爱国主义为核心的伟大民族精神，已经深深地融入中华民族的民族意识、民族品格、民族气质之中，成为各族人民团结一心、共同奋斗的价值取向。中国共产党在领导人民抵御外来侵略、赢得民族独立和解放战争中产生的革命精神，是民族精神的延续和发展，爱国主义、团结统一、爱好和平、勤劳勇敢、自强不息等民族精神无一不淋漓尽致地体现在革命精神之中，无一不被革命精神所蕴涵，所传承，所发展；革命精神是革命时期的时代精神，具有鲜明的时代特征。从井冈山精神到西柏坡精神的一系列革命精神，都是与中国共产党在不同时期的历史任务、与当时国际国内环境乃至具体的地域环境紧密相连的。在新民主主义革命的不同时期，无数共产党人和仁人志士在革命精神的激励和感召下，为实现时代赋予他们的历史使命而努力奋斗。

荣辱观是革命精神的重要内容，在国家危亡的战争时代，以能挺身而出、舍生忘死、前仆后继、服务人民为荣，以贪生怕死、苟且偷生、叛国投敌为耻。正是这些深刻体现民族精神和传统美德的知荣明耻荣辱观，成为革命时期激发革命斗志、促进军民团结的强大精神动力和精神纽带。随着时代的发展，随着形势和任务的变化，胡锦涛总书记提出的以"八荣八耻"为主要内容的社会主义荣辱观是对革命时期荣辱观的不断丰富和发展。

2. 利用中国共产党革命精神宝贵资源，大力加强社会主义核心价值体系建设

当前，在我国经济体制深刻变革、社会结构深刻变动、利益格局深刻调整、思想观念深刻变化的新形势下，在各种思想文化相互交织、相互激荡的复杂背景下，只有建设具有广泛感召力的社会主义核心价值体系，用以引领和整合多样化的思想观念和社会思潮，才能在尊重差异、包容多样的基础上坚持全社会共同的理想信念，形成全民族奋发向上的精神力量与团结和睦的精神纽带。建设社会主义核心价值体系，必须坚持继承和发展的统一，中国共产党革命精神是建设社会主义核心价值体系可供借鉴和利用的丰富资源。

新民主主义革命时期，在内外交困的艰苦环境下，中国共产党能够带领各

族人民在不同的时空条件中形成井冈山精神、长征精神、红岩精神、延安精神、西柏坡精神等革命精神，并将这些精神上升为共产党人和人民群众真实信奉的核心价值观，其根本在于革命精神所蕴涵的马克思主义真理力量的吸引和社会主义共同理想的凝聚，其关键在于中国共产党对待马克思主义的科学态度和对社会主义的不懈追求。新时期，在建设社会主义核心价值体系过程中，必须毫不动摇地坚持和发展中国特色社会主义理论体系，不断推进马克思主义中国化进程；必须用中国特色社会主义共同理想凝聚和激励全体人民，增强走中国特色社会主义道路的自觉性和坚定性。

在社会主义核心价值体系内容结构中，马克思主义指导思想是社会主义核心价值体系的灵魂，决定着社会主义核心价值体系的性质和方向。建设社会主义核心价值体系，最根本就是坚持马克思主义在我国意识形态领域主导地位。马克思主义是在深刻总结历史运动规律的基础上形成的严密而完整的科学思想体系，它揭示了社会主义必然代替资本主义和建设社会主义、最终实现共产主义的普遍规律，是无产阶级和劳动人民认识世界和改造世界的强大思想武器。在革命战争年代，正是由于我们党选择了马克思主义，坚持了马克思主义，发展了马克思主义，才找到了指引革命走向胜利的科学理论和正确道路。在对待马克思主义的态度和方法上，毛泽东曾指出："马克思列宁主义的伟大力量，就在于它是和各个国家具体的革命实践相联系的。对于中国共产党说来，就是要学会把马克思列宁主义的理论应用于中国的具体的环境。"① 党的十七大也明确指出，要不断赋予当代中国马克思主义鲜明的实践特色、民族特色、时代特色。

我们党在领导中国革命和建设的长期实践中，把马克思主义基本原理同中国具体实际和时代特征相结合，不断推进马克思主义中国化，实现了两次历史性飞跃——形成了毛泽东思想和中国特色社会主义理论体系。建设社会主义核心价值体系，内在要求我们要始终坚持和不断发展中国特色社会主义理论体系。一方面，这就要求我们自觉运用这一理论体系指导客观世界和主观世界的改造，提高运用科学理论解决实际问题的能力。在当前突出表现为深入贯彻落实科学发展观，自觉把科学发展观作为指导我国经济社会发展的重要方针，作为发展中国特色社会主义必须长期坚持和贯彻的重大战略思想一以贯之。另一方面，中国特色社会主义是不断发展的开创性事业，中国特色社会主义理论体

---

① 《毛泽东选集》第 2 卷，人民出版社 1991 年版，第 534 页。

系是不断发展的开放的理论体系,这也正是其充满生机与活力、具有巨大真理力量的根本之所在。中国特色社会主义理论体系的所具有的科学性、时代性和开放性的特点,也要求我们在发展中国特色社会主义的伟大实践中,善于不断总结新鲜经验,以新的重大理论观点和重大战略思想不断充实、丰富和发展中国特色社会主义理论体系,不断深化和丰富对共产党执政规律、社会主义建设规律、人类社会发展规律的认识。

理想是人们对美好生活的向往和追求,共同理想是一个国家和民族发展进步的精神动力。有了共同理想,就有了共同奋斗的精神动力。新民主主义革命时期,建立社会主义制度的共同理想,成为中国共产党凝聚了广大人民群众进行新民主主义革命的精神动力。新中国成立后,中国共产党领导全国各族人民进行社会主义革命和社会主义建设,同样凝聚了广大人民群众的共同理想,得到了人民群众的拥护。中国特色社会主义,既是现阶段全党全国各族人民的奋斗目标,又是现阶段党领导人民群众进行的生动实践。中国特色社会主义道路,是全国各族人民在中国共产党领导下,立足中国国情探索出切合科学发展道路,凝聚着党的几代领导集体探索中国发展道路的智慧结晶。建设社会主义核心价值体系,既要用中国特色社会主义的理想激励广大人民群众,通过理论创新不断解决实践中遇到的困惑和难题,发挥科学理论的指导作用,又要发挥人民群众的主动性、积极性、创造性,坚定走中国特色社会主义道路,从而夯实实现共同理想的现实基础。

(三) 把弘扬革命精神纳入党的先进性建设全过程

先进性是马克思主义政党的本质属性和鲜明政治本色,也是马克思主义政党的生命所系、力量所在。胡锦涛在保持共产党员先进性专题报告会上的讲话中指出:"党的先进性建设是马克思主义政党自身建设的根本任务。开展党的先进性建设,就是要使党的理论和路线方针政策顺应时代发展的潮流和我国社会发展进步的要求、反映全国各族人民的利益和愿望,使各级党组织不断提高创造力、凝聚力和战斗力、始终发挥领导核心作用和战斗堡垒作用,使广大党员不断提高自身素质、始终发挥先锋模范作用,使我们党保持与时俱进的品质、始终走在时代前列,不断提高执政能力、巩固执政地位、完成执政使命。"①

党的先进性建设是马克思主义政党自身建设的根本任务,也是加强和改进

---

① 《人民日报》,2005年1月15日,第1版。

党的建设的永恒课题。党的先进性建设是具体的，也是历史的。正如胡锦涛总书记在庆祝中国共产党成立85周年暨总结保持共产党员先进性教育活动大会指出的："一个政党过去先进，不等于现在先进；现在先进，不等于永远先进。""85年来我们党保持和发展先进性的创造性实践，为我们加强党的先进性建设提供了宝贵经验。"① 80多年来，我们党的先进性建设取得了巨大的成就。党正是依靠不断加强先进性建设，才取得了亿万人民的信任，从革命党发展成为执政党。在新的历史时期，加强党的先进性建设，必须从党的发展壮大历史进程中汲取智慧。革命精神是中国共产党先进性的重要体现，在新的历史条件下深入研究革命精神，大力弘扬革命精神，对于不断加强党的先进性建设具有重要的现实意义。

1. 加强党的先进性建设，必须注重从思想上建党

党的发展历史一再证明，思想理论上的先进和成熟是党在政治上先进和成熟的根本前提，党的先进性建设必须坚持马克思主义指导地位。党在幼年时期所犯的错误，其中一个重要原因就是未能或者不善于将马克思主义与中国实际结合起来。1937年，毛泽东发表《实践论》和《矛盾论》，坚持马克思主义原理与中国革命实际相结合，极大地解放了全党的思想。延安整风运动，进一步端正了党的思想路线。在这一时期，毛泽东强调指出："在中国生活的共产党员，必须联系中国的革命实际来研究马克思主义。"② 胡锦涛总书记在十七大报告中指出：思想理论建设是党的根本建设，党的理论创新引领各方面创新。……坚持用发展着的马克思主义指导客观世界和主观世界的改造，进一步把握共产党执政规律、社会主义建设规律、人类社会发展规律，提高运用科学理论分析和解决实际问题能力。革命精神也启示我们：加强党的先进性建设，必须始终坚持解放思想、实事求是、与时俱进的思想路线，必须始终坚持把马克思主义基本原理同中国具体实际相结合，不断运用马克思主义的立场、观点、方法研究新情况、解决新问题，使党的理论、路线、方针、政策不断与时俱进，保证党的全部工作始终体现时代性、把握规律性、富于创造性，使党始终走在时代潮流的前列。

2. 加强党的先进性建设，必须始终围绕党的中心任务来进行

紧紧围绕党的历史使命和中心任务，制定正确的政治路线和纲领，是党始

---

① 《人民日报》，2006年7月1日，第1版。
② 《毛泽东选集》第3卷，人民出版社1991年版，第845页。

终保持先进性、始终走在时代前列的重要标志。抗日战争全面爆发，中国共产党为适应形势需要，作出英明决策——派驻国民党统治中心和南方沦陷区的代表机构中共中央南方局。南方局同志紧紧围绕建立抗日统一战线这一中心任务，在极其险恶的工作环境和极为复杂的政治斗争中开展工作。1935年12月瓦窑堡会议召开，1936年12月西安事变和平解决，1937年8月洛川会议进一步提出《中国共产党抗日救国十大纲领》等一系列正确决策，为促进抗日民族统一战线的形成，取得抗日战争彻底胜利奠定坚实基础。抗日战争胜利后，中国共产党在西柏坡围绕如何彻底打倒国民党反动派、如何建立建设新中国、如何进行加强党的建设等问题展开部署和决策，从而为新中国的成立和建国初期的顺利过渡扫清障碍。

历史告诉我们，党的先进性建设，只有与历史发展趋势和时代发展方向相吻合，同实现党面临的历史任务相统一，才能真正落到实处，才能使党的事业与人民的事业相互促进。在改革开放的新时期，加强党的先进性建设，要求党必须始终坚持以经济建设为中心，牢牢抓住"发展是第一要务"，带领广大人民努力实现推动现代化建设、实现国家统一和维护世界和平与促进共同发展的历史任务。正如胡锦涛在纪念红军长征胜利70周年大会上指出的，在新长征的征途上，我们一定要紧紧围绕党的历史使命和中心任务，紧紧抓住发展这个党执政兴国的第一要务，坚持科学执政、民主执政、依法执政，以加强党的执政能力建设和先进性建设为重点，继续推进党的建设新的伟大工程。①

3. 加强党的先进性建设，必须保持党同人民群众的血肉联系

群众路线是党逐渐成熟发展壮大的生命线。井冈山上，尽管经历了国民大革命的红军缺衣少粮，但对当地老百姓秋毫不犯，并且积极帮他们发展生产，"三大纪律、六项注意"就是红军亲民爱民的生动写照。南方局干部和国统区共产党人能在白色恐怖的国统区内进行隐蔽工作，靠的就是人民群众的掩护。当时周恩来要求国统区共产党员要"永远不与群众隔离，向群众学习，并帮助他们"。长征途中，广大人民群众积极为红军筹款筹粮、搜集情报、救护伤病员，当向导、抬担架，甚至冒着生命危险支援红军作战。延安时期，毛泽东明确提出共产党人"全心全意为人民服务"的宗旨。新民主主义革命的成功启示我们："民心向背是检验一个政党是否具有先进性的试金石。一个政党，如果不能保持同人民群众的血肉联系，如果得不到人民群众的支持和拥护，就

---

① 《人民日报》，2006年10月23日，第1版。

会失去生命力,更谈不上先进性。"① 加强党的先进性建设,必须紧紧围绕保持党同人民群众的血肉联系这个核心,做到在任何时候、任何情况下,与人民群众同呼吸、共命运,坚持全心全意为人民服务的宗旨,坚信群众是推动历史前进的决定力量,想问题、做决策、办事情,都要以是否符合最广大人民群众的根本利益为最高标准,以最广大人民群众满意不满意为根本准则,切实做到权为民所用、情为民所系、利为民所谋。

---

① 《人民日报》,2006年7月1日,第1版。

参考文献

1. 《马克思恩格斯选集》（1~4卷），人民出版社1995年版
2. 《列宁选集》（1~4卷），人民出版社1995年版
3. 《毛泽东选集》（1~4卷），人民出版社1991年版
4. 《毛泽东文集》（1~8卷），人民出版社1999年版
5. 《周恩来选集》（上下），人民出版社1985年版
6. 《刘少奇选集》（上下），人民出版社1985年版
7. 《邓小平文选》（1~3卷），人民出版社1993.1994年版
8. 《毛泽东邓小平江泽民论思想政治工作》，学习出版社2000年版
9. 《毛泽东邓小平江泽民论青少年和青少年工作》，中央文献出版社、中国青年出版社2000年联合出版
10. 《毛泽东邓小平江泽民论世界观人生观价值观》，人民出版社1997年版
11. 《毛泽东邓小平江泽民论教育》，中央文献出版社、人民教育出版社、北京师范大学出版社2002年版
12. 《毛泽东邓小平江泽民论弘扬和培育民族精神》，人民出版社2003年版
13. 《邓小平论党的建设》，人民出版社1990年版
14. 江泽民：《在纪念红军长征胜利六十周年大会上的讲话》，人民出版社1996年版
15. 江泽民：《论"三个代表"》，中央文献出版社2001年版
16. 江泽民：《论党的建设》，中央文献出版社2001年版
17. 江泽民：《论科学技术》，中央文献出版社2001年版
18. 《江泽民论社会主义精神文明建设》，中央文献出版社1999年版
19. 《江泽民论有中国特色社会主义》（专题摘编），中央文献出版社2002年版
20. 《十四大以来重要文献选编》（上），人民出版社1996年版
21. 《十四大以来重要文献选编》（中），人民出版社1997年版
22. 《十四大以来重要文献选编》（下），人民出版社1999年版
23. 《十五大以来重要文献选编》（上），人民出版社2000年版
24. 《十五大以来重要文献选编》（中），人民出版社2001年版

25.《社会主义精神文明建设文献选编》，中央文献出版社 1996 年版

26. 江泽民：《全面建设小康社会 开创中国特色社会主义事业新局面》，《人民日报》2002 年 11 月 18 日

27. 胡锦涛：《在"三个代表"重要思想理论研讨会上的讲话》（单行本），人民出版社 2003 年版

28. 黄钊等：《中国道德文化》，湖北人民出版社 2000 年版

29. 骆郁廷：《精神动力论》，武汉大学出版社 2004 年版

30. 沈壮海：《先进文化论》，高等教育出版社 2003 年版

31. 金阳：《重上井冈山》，光明日报出版社 1996 年版

32. 刘威孚：《井冈山精神：中国革命精神之源》，江西人民出版社 1999 年版

33. 陈宇：《长征精神万岁》，黄河出版社 1997 年版

34. 黄钧儒：《长征和新长征的起点》，贵州人民出版社 1996 年版

35. 胡世宗：《铁血洪流》，解放军出版社 1997 年版

36.《二十世纪人类的奇迹——纪念中国工农红军长征胜利 60 周年论文集》，光明日报出版社 1996 年版

37. 李安葆：《长征史》，中国青年出版社 1986 年版

38. 斯诺：《西行漫记》，三联书店 1979 年版

39. 哈里森·索尔兹伯里：《长征一前所未闻的故事》，解放军出版社 1986 年版

40. 厉华、赵权壁：《红岩魂启示录》，群众出版社 1996 年版

41. 厉华：《红岩魂》，群众出版社 1997 年版

42. 何蜀：《红岩千秋》，重庆出版社 1996 年版

43. 彭承福：《重庆人民对抗战的贡献》，重庆出版社 1995 年版

44. 中共湖北省委党校课题组：《延安精神》，武汉理工大学出版社 2001 年版

45. 王大昆等：《20 世纪中国精神》，云南大学出版社 2001 年版

46. 陈全：《血泪的嘱托》，重庆出版社 1996 年版

47. 吴秉元：《中国共产党与社会主义精神文明建设》，重庆出版社 1991 年版

48. 将冰海：《精神文明引论》，上海人民出版社 1993 年版

49. 胡绳：《中国共产党七十年》，中央党史出版社 1991 年版

50. 杨超：《毛泽东思想史》（1～4 卷），四川人民出版社 2001 年版

51. 李嗣水：《中华民族精神论》，泰山出版社 1998 年版

52. 王坤庆：《精神与教育》，上海教育出版社 2002 年版

53. 严春友：《精神三谜》，中国社会科学出版社 1991 年版

54. 黄宏、何事忠：《红岩精神》，人民出版社 2007 年版

55. 龚学增：《民族精神教育读本》，中共中央党校出版社 2003 年版

后 记

我们党在领导新民主主义革命中孕育出的革命精神，是随着时代的发展而淹没尘封在历史的脚步中，还是鲜活地存现于改革开放和现代化建设伟大实践中？我们在问题的求证之中展开了研究。

2008年5月，离我们不到400公里的一场里氏8.0级地震，让我们都暂时搁置了研究。一时间，大江南北，举国同悲，大家都在为一个伟大民族复兴的艰难曲折而感伤。而也正是在这时，全国上下，万众一心，中华儿女紧密团结战斗在抗震救灾的战场上。在那些不眠的日夜里，我们为党和国家领导人涉险一线，靠前指挥而感动，为灾区人民团结互助、顽强自救而感动，为人民子弟兵将生死置之度外，竭其所能拯救生命而感动……中华儿女在这个特殊战场上体现出的"万众一心、众志成城、不畏艰险、百折不挠"的抗震救灾精神，不正是革命精神在新时代的嬗变和升华吗？带着这份感动，我们更加坚定了研究方向。有了这种精神，我们的求证倍增了最有份量，最有说服力的材料。

本书研究历时2年。在前期研究的基础上，以下人员参与了研究：第一章：雷莹；第二章：岳秋波、黄科；第三章：刘鹏；第四章：白显良，张哲栩；第五章：雷莹，刘丽；第六章：雷莹；第七章：陈新；第八章：白显良；第九章：岳秋波；第十章：黄科。

本书的撰写和出版，得到了国家社科基金、教育部高校社科文库及光明日报出版社的大力支持，得到了国家社科基金项目评审专家的悉心指导，借鉴了诸多专家学者的已有研究成果。在此，一并表示诚挚的谢意。

由于学识、水平有限，其中不妥不当之处，恳请各位专家、学者和读者批评指正。

雷莹

2009年夏于歌乐山麓